«Leben für den Laden»

Glarner Ladengeschichten – einst und heute

Die Herausgabe des Buches wurde unterstützt von:

Gemeinde Glarus
Gemeinde Glarus Nord
Verein Glarus Service
Gemeinde Glarus Süd
Garbef-Stiftung Glarus

LEBEN FÜR DEN LADEN

Glarner Ladengeschichten – einst und heute

Gabi Heussi

© Somedia Production AG/Somedia Buchverlag
Glarus/Chur 2018
www.somedia-buchverlag.ch
info.buchverlag@somedia.ch
ISBN 978-3-906064-95-6
Satz und Gestaltung: Somedia Production AG, Glarus

INHALT

Vorwort Marianne Lienhard, Landesstatthalter 7

Ein ganzer Tagesverdienst für ein Brot 10
Bäckerei Gabriel

Das Bücherlesen in den Genen 22
Bücher Baeschlin

In der Serafine beginnt alles 34
Comestibles Trümpy

Fast ein Jahrhundert für Eisenwaren 44
Dieffenbacher

Der Name verspricht Blumen 56
Gärtnerei Grünenfelder

Vom Zigermandli zum Optiker 66
Gallati Optik

Glas, Porzellan und Werkzeuge 76
Haushalt und Eisenwaren Joos

Aus der Schreinerei wird ein Sportgeschäft 86
Hefti Sport

Ein Hut für jede Gelegenheit 98
Herrenspezialgeschäft Goggs

Bestickte Hirtenhemden 110
Karl Kämpf

Vom Zuckerstock über Stoffballen zu Lebensmitteln 118
Kamm Textil

Aus dem Bazar wird ein Kaufhaus **130**
Kaufhaus Schubiger

Gemüse, Früchte, Bargeld und Textilien **140**
Kundert Textil

Der kleine Jelmoli in Oberurnen **152**
Louis Müller

Scharfe Messer seit über hundert Jahren **162**
A. Ferrari, Messerschmied

Metzger in der fünften Generation **172**
Metzgerei Menzi

Mit Milch und Käse durchs Leben **184**
Milchzentrale Schwanden

Vom Bürstenmacher zum Modegeschäft **194**
Modehaus Hophan

Zarte Spitzen, Knöpfe und Bänder **204**
Posamenter Trümpy

Vom elektrischen Heizöfeli bis zur modernen Hightech-Anlage **214**
Radio Noser

Bodenbeläge und Vorhänge aus Schwanden **224**
Tschudi Innendekorationen

Das kleinste Warenhaus Europas **236**
Warenhaus Schubiger

Die Liebe zu den Schuhen **248**
Zum Goldenen Stiefel

Epilog 256

LEBEN FÜR DEN LADEN

«Leben für den Laden» bezeichnet die Lebensphilosophie der Glarner Detailhändler sehr treffend. Der Initiantin Eva Zopfi und der Autorin Gabi Heussi sind mit diesen unterhaltsamen Kurzgeschichten der Einbezug der Vergangenheit wie der Gegenwart gleichermassen gelungen. Die Glarner «Ladengeschichten» sind äusserst vielseitig und erstrecken sich von Backwaren über Eisenwaren bis zur Mode. Dieses breite Spektrum an Geschichten wurde mit liebevoll ausgesuchten Bildern ausgeschmückt und verschafft einen Einblick in die Geschäftsfamilien.
Der Leser wird in die Welt der Ladengeschichten entführt und erkennt schnell, mit wie viel Herzblut die Glarner Ladenbesitzer ihre Geschäfte betrieben haben. Von Generation zu Generation sind die Betriebe weitergegeben worden. Es wurde investiert, umstrukturiert und expandiert. Mit viel Kreativität und Engagement sind die Geschäfte vorangetrieben worden. Die Familienbetriebe haben so mancher Krise getrotzt und nicht nur der Tradition verpflichtet mit innovativen Geschäftsideen das Fortbestehen gesichert.
Trotzdem ist auch diese Erfolgsgeschichte von Schicksalsschlägen nicht verschont geblieben. Das Ladensterben macht auch vor dem Kanton Glarus nicht halt. So mussten einige namhafte Geschäfte geschlossen werden. Der Wandel der Zeit hat es den heutigen Ladenbesitzern nicht einfacher gemacht. Damals wie heute ist ein unermüdlicher Einsatz notwendig. Der Onlinehandel boomt, eine Vielfalt von kleinen Geschäften ist kaum noch gefragt, was den einheimischen Unternehmern das Leben immer schwieriger macht. So bleibt zu hoffen, dass der innovative Unternehmergeist der Glarner Ladenbesitzer noch weitere Jahrzehnte andauern mag. Ich lade Sie ein, den Spuren der Glarner Ladengeschichten nachzugehen.

Marianne Lienhard
Landesstatthalter

Bäckerei Gabriel

EIN GANZER TAGESVERDIENST FÜR EIN BROT

Jacques und Friedy Gabriel-Hösli führten die Bäckerei Gabriel in der sechsten Generation. In jungen Jahren zogen sie von Mitlödi nach Glarus und bauten ein starkes Unternehmen auf.

«Ganze 30 Bäckereien gab es zu Beginn des letzten Jahrhunderts in Glarus», weiss Jacques Gabriel.
Er sitzt im gemütlichen Kaffee Gabriel im Spielhof 15, grüsst die Damen und Herren am Nachbartisch und hat immer Zeit für einen kurzen Schwatz. «Wie geht's? Was macht die Frau? Wo sind die Grosskinder in der Zwischenzeit?» Er kennt sie alle mit Namen und freut sich, dass auch nach den 20 Jahren, in denen er nicht mehr jeden Tag in der Backstube und seine Frau hinter dem Ladentisch stehen, das Geschäft floriert.
Am 1. Mai 1998 haben Friedy und Jacquel Gabriel-Hösli ihr Unternehmen in die Hände von Jacques, Konrad und Corinne gelegt. Und seit 2015 sind es Konrad und Corinne, welche die Verantwortung im Geschäft tragen.

Pfister – der Bäcker
Die Geschichte der Gabriels führt über zwei Jahrhunderte zurück. Auf der Ahnentafel zeigt Jacques Gabriel-Hösli den Ur-ur-ur-Grossvater, Gilg (Egidius) Schönenberger, geboren am 29. Juli 1795. Gilg heiratete 1818. Auf dieser Eheverkündigung steht als Beruf «Bäcker.» Somit führt die Bäckers-Familie Gabriel durch verschiedene Heiraten erwiesenermassen mindestens bis ins Jahr 1818 zurück. Aber der Name Gabriel kommt erst 59 Jahre später ins Spiel.
Gilg hat zusammen mit seiner Frau Anna, geborene Kubli, den Sohn Jakob, der am 15. Januar 1825 auf die Welt kommt und am 26. Mai 1849 in Münchenstein heiratet. Am 5. April 1852 erblickt die Tochter von Jakob, Selma, in Mitlödi das Licht dieser Welt. Und Selma ist es, die den Namen Gabriel in die Ahnentafel bringt. Sie heiratet am 14. Mai 1877 den Drucker Joseph Gabriel aus Mitlödi. Gemeinsam übernehmen sie 1891 die

Bäckerei und das Gasthaus «Löwen», Joseph ist ab sofort Pfister und Wirt. «Der Begriff Pfister steht für den Bäcker», erklärt Jacques Gabriel-Hösli. Die Familie bleibt also bereits zu jener Zeit der Bäckerszunft treu. In der Ahnengalerie ist bei jeder Person vermerkt, ob sie katholisch oder reformiert getauft ist. Spannend wird es beim Sohn von Joseph und Selma Gabriel-Schönenberger. Jakob kommt 1879 in Mitlödi auf die Welt, wird katholisch getauft und so erzogen. Seine Frau Anna ist reformiert. Als Jakobs Mutter stirbt, kommt der katholische Pfarrer ins Haus. «Ich werde deine Mutter erst beerdigen, wenn deine reformierte Frau zum katholischen Glauben konvertiert», erklärt ihm der Pfarrherr. Diese Unverfrorenheit und Gefühllosigkeit bringt Jakob so in Rage, dass er in seiner Wut den Esszimmertisch, an dem er mit dem Pfarrer sitzt, packt und zu Boden schmettert. «Ab heute bin ich und meine ganze Familie reformiert», schleudert Jakob Gabriel dem Pfarrer entgegen.
So steht in der Ahnengalerie: «Katholisch getauft, seit 1913 mit der ganzen Familie reformiert.»

In der Backstube in Mitlödi arbeiten drei Generationen Gabriel: Josef, Jakob und Konrad.

Die sechste Generation

Jakob Gabriel führt nun wie sein Vater den «Löwen» in Mitlödi und die Bäckerei. Auch sein Sohn Konrad wird Bäckermeister und Gastwirt. Dieser heiratet am 1. September 1931 Mathilda Gfeller aus Mittelhäusern im Kanton Bern und gründet mit ihr eine Familie. «Das waren meine Eltern», strahlt Jacques Gabriel-Hösli heute.

Jacques wächst in Mitlödi auf. Der Duft nach frischem Brot gehört vom ersten Tag seines Lebens zu ihm. In der Freizeit hilft er mit, trägt Brot aus und ist ein gern gesehener Bub in der Backstube. Die Schule macht ihm Spass, er lernt schnell und ist wissbegierig. So interessiert er sich auch für den Unterrichtsstoff, den die Schüler der höheren Klassen lernen müssen. Da die Klassen zu dieser Zeit mehrstufig geführt werden, kommt ihm das entgegen. Wenn Jacques seine Arbeiten erledigt hat, schielt er auf die Tafel und lernt dabei die deutsche Schrift. Mit ihren schön geschwungenen Buchstaben fasziniert sie ihn. So kann er sie denn auch heute noch dürftig lesen.

Aus dem kleinen Koni ist der älteste Koni geworden. Und wieder steht er ganz rechts. Daneben zwei Generationen: Jacques, Koni und Jacques Senior (von rechts).

Sein Wissensdurst bringt ihn auf die Idee, Lehrer zu werden. Nach der Sekundarschule geht er ins Welschland. Als seine Grossmutter von der Idee des Lehrerberufs erfährt, nimmt sie ihn ins Gebet. «Willst du wirklich die Tradition der Bäckermeister in der sechsten Generation unterbrechen?» Jacques überlegt sich das ganze nochmals.

Von Mitlödi nach Glarus
Er beginnt die Lehre im zürcherischen Wald und freut sich, dass er auf die Grossmutter gehört hat. Der Beruf macht ihm Spass. Aber im zweiten Lehrjahr wird ihm klar: «In Mitlödi geschäfte ich nicht.» Aber ausserhalb des Kantons sein eigenes Geschäft betreiben, das will er denn doch nicht. So liebäugelt er bereits mit dem Kantonshauptort.
Auch nach der Lehre arbeitet Jacques bei seinem Vater in der Backstube. An freien Tagen oder wenn bei der Konditorei Freuler in Glarus Not

Josef Gabriel-Schönenberger.

Selma Gabriel-Schönenberger.

am Mann ist, fährt er in die Kantonshauptstadt und hilft aus. Im Hinterkopf hat er nach wie vor den Gedanken, in Glarus dereinst sein eigenes Geschäft zu eröffnen.

Bald nach der Lehre lernt Jacques die Ennendanerin Friedy Hösli kennen, die als Schuhverkäuferin in Glarus arbeitet. Den Familiennamen Hösli gibt es in Ennenda seit Jahrzenten vielfach. Um Verwechslungen vorzubeugen, tragen auch Friedy Höslis Eltern wie ihre Gross- und Urgrosseltern einen Übernahmen. Sie sind die Türggen-Hösli, was aber keineswegs als Schimpfwort eingesetzt wird. Über die Herkunft des Übernamens ist sich Friedy heute nicht ganz sicher. «Es könnte sein, dass es vom Glarner Lied, in dem vom Türggen-Rot, also Krapp-Rot, gesungen wird, stammt», vermutet sie heute.

Jacques ist 22, hat sich im Berufsleben zurechtgefunden und träumt von einer Anstellung in Zürich. Da stirbt die Mutter. Der Traum von der grossen Welt zerplatzt. Er will seinen Vater mit dem Geschäft nicht alleine lassen und beschliesst, vorerst in Mitlödi zu bleiben.

Jakob Gabriel-Jakober.

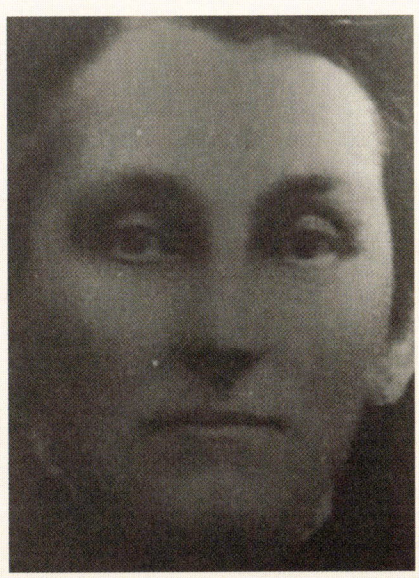

Anna Gabriel-Jakober.

Seine Liebe zu Friedy festigt sich und 1956 läuten die Hochzeitsglocken. Zwei Jahre später kündigt Jacques seine Anstellung bei seinem Vater und arbeitet fest in der Konditorei Freuler in Glarus – mit der Zusage, das Geschäft in naher Zukunft kaufen zu können. Die Idee des eigenen Geschäfts wird immer konkreter.

Von Türggen und anderen Übernamen
Aber es kommt anders. Gabriels können die Konditorei nicht übernehmen. Gross ist die Enttäuschung. Dafür ist das Glück in der Familie umso schöner. Drei kleine Kinder bringen leben in die Stube in Mitlödi.
Dann vernimmt Jacques Gabriel, dass die Bäckerei mit dem Kaffee im Spielhof 15 zu haben ist.
Frau Oswald führt dort seit 1934 mit ihren beiden Töchtern eine Bäckerei/Konditorei mit einem Kaffee. Sie hatte zusammen mit ihrem Mann das Haus von Zweifel gekauft. Als ihr Mann starb, führte sie das Geschäft

---

Ein erfreuliches 1990!   *Die Wiedereröffnung unseres umgebauten Geschäftes im Spielhof haben wir mit Freude und Elan geschafft.*

Für Ihre Treue und die gute Zusammenarbeit danken wir Ihnen von ganzem Herzen. Ein friedliches und zufriedenes

1991

das wünschen wir Ihnen im Jubiläumsjahr

700 Jahre Eidgenossenschaft
100 Jahre Gabriel-Bäckerei
30 Jahre Gabriel-Bäckerei-Conditorei-Café, Glarus

herzlich verbunden mit Glück, Gesundheit und Gottes Segen

Ihre
J. und F. Gabriel-Hösli
mit Familien
und Belegschaft

Friedy und Jacques Gabriel sind stolz auf die lange Geschichte der Bäckerei.

weiter. Sie war es, die den einstigen Pferdestall im Haus zu einem einladenden Kaffee umbaute und ein florierendes Geschäft aufzog. Als eine ihrer Töchter 1961 stirbt, hat sie genug vom Geschäftsleben und bietet das Haus zum Verkauf an.

Gabriels greifen zu und setzen ihren Traum um. Friedy absolviert neben Haushalt, Geschäft und Kindern das Wirtschaftspatent. Sie steht hinter dem Ladentisch und bedient die Leute gerne. Auch jenen Herrn, der in den Laden kommt und «das Brot dort hinten» wünscht. Friedy hat sofort gemerkt, dass er das Maisbrot – im Glarnerland als Türggenbrot bezeichnet – möchte. Er wagt es aber nicht, den Begriff «Türggen» in den Mund zu nehmen, weiss er doch um den Übernamen von Friedys Vater. Sie zeigt auf das Brot neben dem Türggenbrot. «Nein, das andere», sagt der Kunde. Nun zeigt die humorvolle Geschäftsfrau auf das Brot, das auf der anderen Seite liegt. «Nein, das andere», moniert der Kunde. Lachend nimmt Friedy Gabriel das Türggenbrot und sagt: «Sie dürfen ruhig Türggenbrot sagen. Nirgends gibt es ein echteres Türggenbrot als bei mir.»

Koni und Corinne – die 7. Generation im Unternehmen.

Die Bäckerei Gabriel floriert, die Kunden lieben das frische Brot und das gemütliche Café. Freizeit gibt es nur wenig, denn neben der Backstube engagiert sich Jacques Gabriel im kantonalen und schweizerischen Bäcker-Konditorenmeister-Verband und nimmt im Militär einen höheren Rang ein. Ohne den unermüdlichen Einsatz von Friedy Gabriel ginge das alles nicht. Seit sie in Glarus leben, sind noch drei weitere Kinder hinzugekommen.
Sie steht im Laden und ist oftmals auch Seelsorgerin. Denn sie kennt die Kundschaft samt deren Familien, weiss von deren Sorgen und Freuden und hat immer ein gutes Wort bereit.

Erweiterungen und Filialen

Schon bald bietet der Nachbar, Schuhmacher Suter, sein Haus, den Spielhof 11, zum Verkauf an. Gabriels kaufen es und richten sich neu ein. Von den einst 30 Bäckereien ist die Zahl bereits auf zwölf geschrumpft. Der Bäckermeister am Spielhof ahnt, dass noch mehr Bäckereien schliessen werden und plant, Brot für andere Bäckereien zu backen. Diese sagen zu, Brot von ihm abzunehmen.

Viele Jahre steht direkt hinter der Bäckerei Gabriel die Fensterfabrik Bär. Die Produktion wird verlagert, andere Unternehmen ziehen ein. Als 1974 das Gebäude zum Verkauf angeboten wird, greifen Gabriels zu. Ein Jahr später steigen die ersten Brotdüfte aus diesen Räumen. Die Bäcker, mit

---

Die Zukunft
Es wird nicht einfacher in Glarus.
Nicht umsonst orientiert sich die
Bäckerei Gabriel in Richtung Unterland.

---

denen Gabriels gerechnet hatten, verzichten nun plötzlich darauf, Brot von ihnen zu übernehmen. Zu gross ist der Neid.

Der Entscheid, eine Filiale im Unterland zu eröffnen, fällt nicht schwer. Auf Mollis folgt zwei Jahre später, 1979, Niederurnen.

Die Kinder werden zu Erwachsenen und das Ehepaar Gabriel plant die Übergabe an die nächste Generation. Am 1. Mai übernehmen die drei Geschwister Jacques, Konrad und Corinne den Betrieb. Für Jacques und Friedy Gabriel ist klar: «Wir machen das Reissverschluss-System. Mund halten und nur antworten, wenn die Meinung auch wirklich gefragt ist.»

Auch die siebte Generation schafft neue Filialen: Glarus, Niederurnen, Uznach, Lachen, Näfels, Schänis und zuletzt 2015 in Kaltbrunn. Im gleichen Jahr orientiert sich der Älteste der Geschwister, Jacques, neu und überlässt die Leitung des inzwischen grossen Unternehmens Koni und Corinne.

Nach wie vor ist Jacques Gabriel im Hintergrund aktiv. So kontrolliert er jeden Monat die über 100 Lohnabrechnungen der Angestellten und ist regelmässig im Kaffee bei einem kurzen Austausch anzutreffen.

**Buchhandlung
Baeschlin**

DAS BÜCHERLESEN IN DEN GENEN

Seit fünf Generationen widmen Baeschlins ihr Leben den Büchern.

Johann Jakob Bäschlin kommt als jüngstes Kind des Postbeamten C.J. Bäschlin 1830 in Schaffhausen auf die Welt. In der ortsansässigen Buchhandlung Beck macht er die Buchhändlerlehre und bildet sich in Wien weiter. 1852 kehrt er zurück in die Schweiz und arbeitet in der Buchhandlung Meyer & Zeller in Zürich. Die Unternehmensleitung betraut ihn bald schon mit der Geschäftsführerstelle in der 1853 gegründeten Filiale im Spielhof in Glarus.

Beim Brand von Glarus 1861 wird alles zerstört. Lediglich ein eiserner Heftbeschwerer in der Form eines Frosches bleibt ihm erhalten. Aber Johann Jakob gibt nicht auf. Er baut das Haus etwas weiter südlich wieder auf, die einst der Buchhandlung angegliederte Leihbibliothek betreibt er im Neubau aber nicht mehr.

1872 heiratet Bäschlin die Tochter des Restaurant «Eidgenossen» Glarus, Anne Marie Tschudi. Im darauffolgenden Jahr erwirbt er die Buchhandlung selber, betreibt sie aber noch unter dem Namen Meyer & Zeller.

Am 1. Januar 1881 gibt er in einem Inserat bekannt: «Auf diesem Wege mache die ergebene Anzeige, dass ich mit heute die bisherige Firma Meyer & Zeller (J.J. Bäschlin) aufgegeben habe und das Geschäft jetzt unter meinem eigenen Namen J.J. Bäschlin fortsetze.»

Der Gründer der Buchhandlung J.J. Bäschlin und seine Frau Marie Bäschlin-Tschudy.

Wann aus Bäschlin Baeschlin mit «ae» wurde, das weiss Els Baeschlin nicht. Aber dass die Bäschlins aus Leipzig eingewandert sind, davon ist sie überzeugt. «Leipzig war damals die Hochburg für Bücher und Buchhändler.»

Ihr Urgrossvater stirbt nur gerade vier Jahre nachdem er der Buchhandlung seinen eigenen Namen gegeben hat. Als Witfrau führt Marie Bäschlin-Tschudy die Buchhandlung und erhält fünf Jahre später Unterstützung von ihrem ältesten Sohn Jakob. Er absolvierte die Lehre in Basel bei Wepf und besuchte anschliessend in Leipzig verschiedene Ergänzungskurse für den Buchhandel. Nach seinen Lehr- und Wanderjahren steigt er ins elterliche Geschäft ein. Jakob ist sehr engagiert und hat sich ein grosses buchhändlerisches Wissen angeeignet. Er übernimmt die Leitung des Buchladens, der zu dieser Zeit auch unzählige Zeitschriften und Journale im Angebot hat. Da jeder Ladenbesitzer die Öffnungszeiten selber regelt, sind viele Kunden bis spät am Abend im Laden und lesen in den aufgelegten Zeitungen und Journalen. Beleuchtet wird die Ladentheke lediglich von einer Petroleumlampe. Aber das genügt den Glarnerinnen und Glarnern vollauf.

In seiner kurzen Zeit als Buchhändler nimmt Jakob seinen Beruf sehr ernst und pflegt auch die anspruchsvolle Literatur und erweitert das Sortiment fortlaufend.

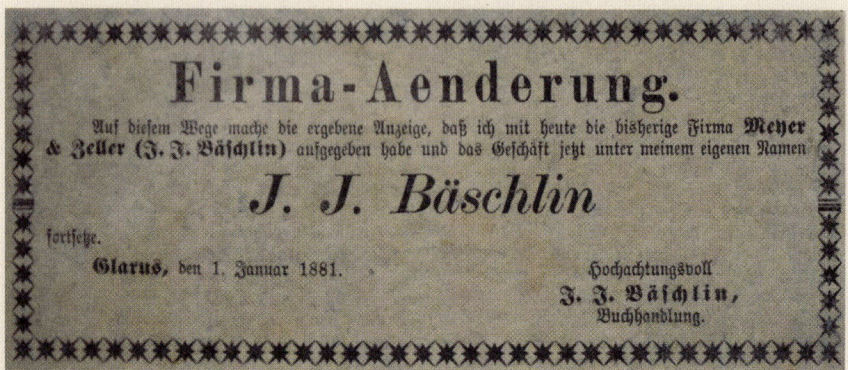

Ein Weihnachtsgeschenk

Während Jakob Baeschlin der Bücherwelt sein Leben widmet und Hedwig Hässig heiratet, engagiert sich sein Bruder Fritz in der Armee und wird Oberst. Er ist mitverantwortlich, dass die Tankgräben in Näfels gebaut werden und damit den Glarnern in dieser ungewissen Zeit ein wenig Sicherheit bieten.

Jakob Baeschlin-Hässig führt die Buchhandlung an der Hauptstrasse in Glarus, bis er unverhofft, mitten in seiner geliebten Arbeit, am 16. November 1943 an einem Herzversagen stirbt. Sohn Jacques ist 1902 auf die Welt gekommen und auch er hat die Buchhändler-Gene im Blut. In Basel liess er sich bei Helbling zum Buchhändler ausbilden.

Jakob Baeschlin führt das Geschäft von 1900 bis 1943.

Jakobs Ehefrau, Hedwig Baeschlin-Hässig, führt zusammen mit ihrem Mann das Geschäft.

Zurück im Glarnerland heiratet Jacques die Tochter des Gemeindeschreibers von Glarus, Elsy Müller. Sie liebt Bücher über alles, arbeitet in der Buchhandlung mit und lässt keine Gelegenheit aus, sich in eine Ecke zu stehlen, um in der Welt des Buches zu versinken.
Zwei Töchter schenkt Elsy ihrem Mann. 1935 kommt Margaretha auf die Welt. Zwei Jahre später, zwei Tage vor Weihnachten, fällt Elsy Baeschlin-Müller hochschwanger von der Leiter im Buchladen, und so kommt, einen Monat zu früh, die kleine Els zur Welt. Die Mädchen verbringen bald viel Zeit in der Buchhandlung, wo ihre Eltern die meiste Zeit des Tages am Arbeiten sind.
Als Jacques eines Nachts mit seinem Motorrad von Glarus nach Mitlödi fährt, kommt er von der Strasse ab und verunfallt. Schwer verletzt bleibt

Ein Buch für jede Lebenslage.

er in der Böschung liegen, bis ihn ein Bauer, der in den frühen Morgenstunden mit der Milch in die Hütte fährt, entdeckt. Schweren Herzens eröffnen ihm die Ärzte im Spital Glarus, dass sie ihm ein Bein abnehmen müssen. Ein harter Schlag für den temperamentvollen Geschäftsmann und Familienvater, der in seiner Freizeit regelmässig auf die Jagd geht. Er nimmt sein Schicksal an und arbeitet bald von seinem Pult aus fleissig im Laden weiter, immer unterstützt von seiner Frau. Damit er weiterhin auf die Jagd gehen kann, zimmert er sich eine spezielle Beinprothese, die ihm auch im unebenen Gelände eine gewisse Trittsicherheit gibt.

Die vierte Generation wächst heran
Die beiden Töchter Margaretha und Els werden bald auch im Laden engagiert. So tragen sie bestellte Bücher aus, bringen Pakete zur Post und helfen mit, wo sie nur können. Heute erinnert sich Els noch bestens daran, wie ihr Vater von seinem Pult aus seine Befehle formulierte. «Els, bring mir noch dieses oder jenes Buch», soll er gerufen haben. Da während der Kriegszeit das Benzin rationiert ist, kommen neue Kunden hinzu. Die etwas reicheren Glarner fuhren zuvor nach Zürich, um Bücher einzukaufen. Das ist nun nicht mehr möglich. Zwar kommen diese nun zu Baeschlins, aber die Zeiten sind trotzdem sehr hart. Oft setzt sich Jacques an den Familientisch und erzählt, dass er nur gerade ein einziges Buch an diesem Morgen verkauft hat.
Mitten in dieser Zeit eröffnen ihm die Ärzte, dass es um sein Herz nicht gut steht. Er wird gebrechlich und muss während mehreren Jahren das Bett hüten. So liegt er in der Wohnung im oberen Stock und erklärt seiner Frau Elsy Baeschlin-Müller den Buchhandel mit all seinen Details, damit sie das Geschäft weiterführen kann, wenn er dereinst nicht mehr da ist.
Els ist 14-jährig, als ihr Vater stirbt. Nach einem kurzen Spitalaufenthalt kehrt er nicht mehr heim. Für Els ist das ein sehr schwerer Schlag, hat sie doch ihren Vater über alles geliebt.
Ihr sehnlichster Wunsch ist es, Sportlehrerin zu werden. Einen Monat nach Vaters Tod sitzt Mutter Elsy mit ihren beiden Töchtern am Esstisch. «Wer übernimmt nun den Laden?», fragt sie die beiden Mädchen.

Jacques Baeschlin-Müller, 1922 als Lehrling in Basel.

Elsy Baeschlin-Müller führt das Unternehmen von 1962–1967.

Margaretha erklärt schnell, dass sie das nicht will. «Ich kann nicht auf Befehl lächeln.» So ist für die Mutter klar, dass Els ins Familienunternehmen kommt. Bald fährt sie mit ihr nach Zürich zu einem Vorstellungsgespräch bei Orell Füssli. Mit dem Argument «Das ist ja noch ein Kind. Schicken Sie sie zuerst noch in eine Schule» entlässt sie ihr vermeintlicher Lehrmeister.

So besucht Els während drei Jahren eine Handelsschule in der Westschweiz. Als sie eines Tages einen Schulausflug in die Sportschule Magglingen unternehmen, sieht Els, wie die angehenden Sportlehrerinnen Gewichte stemmen und fürchterlich schwitzen. Das ist der Moment, an dem sie froh ist, dass sich die Mutter bei Els' Berufswahl durchgesetzt hat.

Zum Glück zieht nun die Wirtschaft wieder an und die Buchhandlung floriert. Der finanzielle Druck verschwindet und Mutter Baeschlin darf etwas aufatmen.

Kinder und Bücher

In Glarus führt die Mutter zusammen mit ihrer Angestellten Elsi Zingg-Blumer den Laden. Ohne deren grosse Unterstützung wäre es nicht möglich gewesen, den Laden so erfolgreich weiterzuführen. Noch heute ist Els Baeschlin voll des Lobes über ihre grosse Hilfe.

Nach der Handelsschule absolviert sie ihre Buchhändlerlehre und besucht anschliessend noch die Buchhändlerschule in Köln. Bald aber ruft die Mutter sie zurück ins Familienunternehmen. So arbeitet sie ab 1959 in der Buchhandlung mit. Ein Jahr später heiratet sie Heinrich Aebli und schon bald schenkt sie vier gesunden Kindern das Leben. Auf Peter folgt Susanne, dann Kathrin und Gaby. Die Familie lebt in ihrem selber gebauten Haus im Lindengut, wo Els mit viel Liebe auch selber Hand anlegt, wenn es ums Handwerk geht.

Gabi ist gerade mal drei Monate alt, als ihre Grossmutter das Geschäft an die nächste Generation übergeben möchte. Ihren Wunsch, vorerst nur für die Kinder da zu sein, kann Els nun nicht umsetzen. Heinrich gibt seinen Lehrerberuf auf, die Familie engagiert eine Säuglingsschwester und so steht die junge Els jeden Tag in der Buchhandlung und bemüht sich, den Spagat zwischen Geschäftsfrau und Mutter op-

Els Baeschlin – ein Leben für die Bücher.

timal zu meistern. «Mein erster Kunde kaufte eine Landkarte», weiss Els Baeschlin noch gut. Glücklich ist sie bei dem Gedanken, dass nun der gesamte Erlös ihrem eigenen Konto gutgeschrieben wird.
Die Kinder wachsen heran und bald steht die Berufswahl an. Peter studiert Wirtschaft, Susanne wird Krankenschwester, Kathrin Lehrerin und Gaby entscheidet sich für die Buchhändlerlehre, studiert aber anschliessend noch Biologie.

Die fünfte Generation steigt ein

1999 übergibt Els das Geschäft an ihren Sohn Peter. Er wird dabei von seiner jüngsten Schwester Gaby unterstützt. Internet und Grossverteiler machen aber auch dem Buchhandel zu schaffen, und so muss

Die fünfte Generation mit Gaby Ferndriger.

Peter Aebli kreativ und innovativ sein, sich nach weiteren Möglichkeiten umschauen. 2002 entscheiden sich die Geschwister für die Wachstumstrategie und übernehmen die Buchhandlung Schuler in Chur.

Als Peter 2004 zum Rektor der Kantonsschule gewählt wird, gibt er die Leitung der Buchhandlung an seine Schwester ab. Gaby Ferndriger ist in der Zwischenzeit Mutter geworden und wagt, wie ihre Mutter und Grossmütter, den Spagat zwischen Familie und Geschäft. Die Liebe zum Buch bringt es mit sich, dass auch sie sich gerne in der Welt der Bücher engagiert. Bald gehören auch Schuler Davos sowie der Kinderbuchladen in Zürich zu Baeschlin. «Die Buchhandlungen sind jeweils mit der Frage um eine Übernahme an uns herangetreten. Ansonsten hätten sie schliessen müssen», sagt Gaby Ferndriger heute.

Neben Interlingua Zürich und dem Lehrmittelvertrieb im Kanton Glarus übernimmt der Verlag Baeschlin nun auch den Bildungsservice im Kanton.

Seit vier Jahren konzentriert sich die ehemalige Buchhändlerin voll und ganz auf die Verlage, denn der Zusammengang Verlag und Buchhandlung bringt optimale Synergien mit sich. Die Bücher, die hergestellt werden, können in den eigenen Buchläden verkauft und beworben werden.

Die Konzentration auf das Verlagsgeschäft hat es mit sich gebracht, dass sich weitere Verlage wie Th.Gut aus Stäfa, elfundzehn aus Eglisau und der AS Verlag aus Zürich anschlossen.

Comestibles Trümpy

IN DER SERAFINE BEGINNT ALLES

1891 legt Fritz Trümpy in der Serafine in Glarus den Grundstein für ein feines, hochstehendes Comestibles-Geschäft, das über Jahrzehnte das Essen vieler Glarnerinnen und Glarner prägte.

In der Serafine in Glarus beginnt die über hundertjährige Geschichte von Comestibles Trümpy und endet am 8. Januar 2000 an der Rathausgasse 25. «An diesem Tag haben wir alles, was sich noch im Ladenraum befand, verschenkt», erinnert sich Jost Trümpy 18 Jahre später etwas wehmütig. Das völlig veränderte Verkaufsverhalten, die Mobilität wie auch die fehlende Nachfolgeregelung zwangen die beiden Geschäftsführer Jost und Samuel Trümpy zu diesem Schritt.

Der erste Koch in der Familie
Der kleine Fritz erblickt als Sohn von Barbara und Johann Balthasar Trümpy am 17. September 1868 das Licht dieser Welt. Er wächst zusammen mit vier Geschwistern im Gasthaus Zürcherhalle in Glarus auf. Vater Trümpy ist Wirt, Pfister (Bäcker) und Eisenbahnpetter. Für die Ausbildung zum Koch schickt er seinen Sohn Fritz ins feudale Hotel «Bad Stachelberg» nach Linthal.
Nach Beendigung der Lehre begibt sich Fritz auf die Wanderjahre. Er kocht in erstklassigen Hotels in Berlin, Cannes, Nizza, Paris und wird gar Hofkoch des Grafen und Herzogs von Parma, dem vormaligen Kaiser Karl von Österreich und seiner Frau Zita. Zu dieser Familie pflegt Fritz Kontakt bis zu seinem Tod 1934.
Vor allem Paris begeistert den jungen Glarner. Die pulsierende Stadt prägt ihn und setzt unzählige Ideen in seinem Kopf fest.
Krank kehrt er nach Glarus zurück. Im Spital wird er gepflegt und kommt langsam wieder zu Kräften. Krankenschwester Susanne Widmer trägt viel zu seiner Genesung bei. Eine Liebe entwickelt sich zwischen den beiden und schon bald treten sie vor den Traualtar.
Gesund und voller Elan eröffnen sie 1891 in der Serafine, Ecke Sandstrasse/Kirchstrasse, das erste und einzige Delicatesse und Comestibles Geschäft im Kanton. Neue, ausgefallene Produkte gelangen mit der Bahn nach Glarus und finden immer grösseren Absatz.
Während Susanna zusammen mit Fritz' Schwester Berta im Laden steht, reist Fritz jeweils im Sommer nach Engelberg, wo er als Koch eine Saisonstelle innehat.
Neben der Idee des Delicatesse und Comestibles Geschäftes hat Fritz aus Paris auch andere, für das Glarnerland neue Ideen mitgebracht. So ist er es, der für die Bauern die erste Milchzentrale eröffnet.
Wenn er jeweils im Glarnerland bei seiner Familie weilt, verdient er einen kleinen Zustupf als Stör-Koch. Die Glarner Oberschicht und

all jene, die es sich leisten können, bieten ihn auf, damit er ihre Gäste nach der neuesten französischen Art verwöhnt. Kulinarische Neuheiten wie Schnecken, Meeresfrüchte oder Fasane werden serviert und manch eine Fabrikanten-Gattin sonnt sich im Licht von Fritz Trümpys Kochkünsten.

Fisch anstelle von Fleisch
Als 1905 Posamenter Trümpy, ein Cousin von Fritz, mit seinem Geschäft an die Hauptstrasse zieht, nimmt Fritz Trümpy-Widmer die Gelegenheit wahr und eröffnet in dessen Räumlichkeiten im darauffolgenden Jahr, an der Kirchstrasse 24, seinen neuen Laden.
Die Familie wird grösser und grösser. Insgesamt sechs Kinder, zwei Mädchen und vier Buben, beleben das Haus. Die älteste Tochter, Setti, findet Gefallen am familieneigenen Geschäft und stellt sich bald auch hinter die Ladentheke.

Mit Fritz Trümpy beginnt die Geschichte des Comestibles Trümpy.

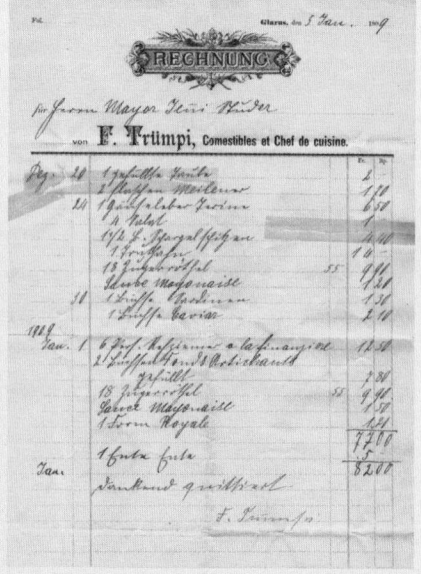

Mayonnaise gehört wie Kaviar zu den Delikatessen.

Am 10. Februar 1929 übernehmen Setti und ihr jüngster Bruder Traugott das elterliche Geschäft.

Trotz Arbeit und grossem Engagement findet Traugott seine grosse Liebe, Elisa Rosina Hösli. Sie liebt die Arbeit im Laden und lässt sich im Welschland entsprechend weiterbilden. 1936 heiraten die beiden und stehen nun gemeinsam mit Setti und der treuen Lina Echle hinter der Ladentheke. Als der Zweite Weltkrieg ausbricht, sind die Frauen gefordert. Sie bewältigen auch die Arbeit der Männer, die zum Aktivdienst eingezogen wurden, und leisten Schwerstarbeit. Rings um die Schweiz spielt die Welt verrückt. Das bekommen auch die Glarner zu spüren. Lebensmittel fehlen an allen Ecken und Enden und werden rationiert. Comestibles Trümpy vermag sich aber dem zu widersetzen. Nicht zuletzt, weil während dieser bedrohlichen Zeit Fleisch rationiert ist, Fisch jedoch nicht. Da sagt sich manch ein Glarner: «Lieber ein paar Flossen im Teller als gar kein Fleisch.»

Traugott Trümpy mit Setti, Lisa, Sam und Jost und den Angestellten.

Mutter Lisa – die gute Seele im Haus

Lisa ist in der Zwischenzeit mehrfache Mutter, bildet Personal aus, betreut Lehrlinge und bringt die ersten Reformartikel ins Geschäft. Artikel wie Morga, Biokosma, Weleda und Holle bilden ein gutes Standbein. Sie engagiert sich auch im Club der Geschäftsfrauen und setzt sich für das Frauenstimmrecht ein. Als dieses an der eidg. Volksabstimmung vom 7. Februar 1971 im Kanton Glarus abgelehnt wird, bleibt Trümpys Küche an diesem Sonntag kalt.

Comestibles Trümpy gehört zu dieser Zeit zu den «Sieben Eisheiligen» in Glarus. Geschäftsleute, welche sich für die Zukunft von Glarus engagieren. Zu ihnen gehören der Goldene Stiefel, Tschappu, Hophan, Eisenhändler Bischoff, Kleider Beglinger und der Soolerbogen.

Traugott mit Lisa und Setti im Geschäft an der Rathausgasse.

Neben der Liebe zu den Delikatessen schlägt Traugotts Herz auch für die Musik und die Spiritualität. Seine grosse Leidenschaft ist das Orgelspiel. Jeden Sonntag setzt er sich an die Hausorgel. Später wird er in der Methodistischen Kirche in Glarus die Gottesdienste mit seinem Spiel umrahmen.

Seine feinfühlige Art bringt es mit sich, dass er immer ein sehr guter Verkäufer ist. Er weiss, was die Damen von Glarus mögen und verkauft ihnen mit viel Charme die feinsten Delikatessen. Die Administration hingegen, die liegt ihm überhaupt nicht. Jost Trümpy nennt Vaters Art heute «Management by Emotion». «Zum Glück schaute die Mutter zur Sache», fügt Susi Zobrist-Trümpy an.

Dank der guten Umsätze ermöglicht sich 1945 ein Umzug an die Rathausgasse 25. Das Gebäude diente bis dahin als Magazin und wird zusammen mit dem überbauten Garten auf der Nordseite zu einem grossen Verkaufslokal. Das Wohnhaus an der Kirchstrasse wird an Musik Heiz verkauft.

Traugott ist, wie sein Vater, oft als Störkoch unterwegs. Auch er bekocht die Gäste in fremden Häusern und erlebt dabei so manch spezielle Geschichte. So bittet ihn mehr als einmal eine Hausherrin, das Auto schnellstmöglich ausser Sichtweite zu bringen. Die Gäste sollen nicht wissen, dass sie nicht selber gekocht hat. Ein andermal werden gar die Streichhölzer gezählt, die er zum Anzünden verwendet hat. «Zu viele», befindet die Dame des Hauses. Mehr als einmal hätte er ein gebrauchtes am bereits brennenden Feuer anzünden und wieder verwenden können.

Die dritte Generation steigt ein

Neben dem Geschäft wächst auch eine immer grösser werdende Familie heran. 1940 erblickt Jost, 1941 Sam, 1946 Susanna und 1949 Johannes das Licht dieser Welt. Die Kinder wachsen mit feinsten Delikatessen auf. «Aber wir haben ein Leben lang das gegessen, was im Laden nicht verkauft werden konnte», sagte einst Jost Trümpy lachend in einem Interview.

Alle vier Kinder sind regelmässig als Ausläufer unterwegs und holen jeweils am Dienstagmorgen die frischen Fische, Muscheln und Krebse mit dem Handwagen am Bahnhof Glarus ab.

Jost radelt oft schon vor Beginn der Schulstunden nach Netstal, um Waren auszuliefern. Das «Botnen» bringt ihm jeweils einen Franken Sackgeld ein.

1960 ist es dann so weit: Jost – soeben aus Paris zurück – steigt ins Familienunternehmen ein. Die Verkaufsfläche wird verdoppelt und teilweise auf Selbstbedienung umgestellt. Zwei Jahre später kommt Sam, der als Dritter in der Generation Koch lernte, ins Geschäft. Auch Bruder Johannes ist kurze Zeit im Geschäft, orientiert sich aber wie Susi lieber anderweitig. Trotzdem sind die beiden da, wenn sie gebraucht werden. 1969 kehrt Bruder Sam nach einem zweijährigen USA-Aufenthalt ins Unternehmen zurück und trägt mit seinen Kochkünsten viel zum guten Gelingen bei.

Das Unternehmen floriert und 1968 erweitern sie die Comestibles-Abteilung, forcieren den Verkauf an das Gastgewerbe und bauen einen Catering-Service auf. Sie beliefern weiterhin private Kunden mit Köstlichkeiten, kochen aber seltener vor Ort.

In dieser Zeit nimmt die Discount-Welle ihren Lauf. Das bewegt Trümpys zur Eröffnung des Glarona Discounts. Am 19. Juni 1969 bieten sie gegenüber des Comestibles-Geschäfts zum ersten Mal ein breites Sortiment mit Discount-Preisen an.

1972 übernehmen Jost und Sam das Unternehmen von ihren Eltern käuflich.

Ein steiniger Weg

Viele Jahre ist das Unternehmen die erste Adresse in Bezug auf Frischprodukte und auserlesene Lebensmittel. Auch das Catering ist beliebt und begehrt.

Der nächste Ausbau-Schritt scheitert. Trotz positiven Verhandlungen mit der Migros, deren Gebäude an der Burgstrasse zum Verkauf stand, muss dieser Plan beiseitegelegt werden, weil kein Käufer für die Gebäude an der Rathausgasse gefunden wird.

Tiefstpreise und die Tatsache, dass die Grossverteiler immer mehr Frischprodukte und Delikatessen ins Sortiment aufnehmen, machen Comestibles Trümpy Ende der 90er-Jahre immer mehr zu schaffen. Die Zukunftsaussichten trüben sich. Eine optimale Lösung zeichnet sich nicht ab und die Zahlen sinken weiter. Ein Vorwärtsschub wäre nur mit kostspieligen Investitionen möglich, deren Erfolg aber nicht gesichert ist.

Jost und Sam haben von ihrem Vater die grosse Liebe zur Musik mit auf ihren Lebensweg erhalten und werden in ihrer Freizeit bekannte Jazz-Musiker, weit über die Grenzen des Kantons hinaus. Aber auch diese Ablenkung vermag die dunklen Wolken in dieser Zeit nicht zu vertreiben.

Als Erstes schliesst 1997 der Glarona Discount die Türen.

1998 entscheiden sich Jost und Sam: «Wir schliessen.» Sie informieren Belegschaft und Kundschaft, dass es keine Zukunft für Comestibles Trümpy gibt. Ende Dezember 1999 endet die Geschichte von Comestibles Trümpy und am 8. Januar 2000 öffnet Jost Trümpy ein letztes Mal die Ladentür, um die restlichen Artikel und Gebrauchsgegenstände zu verschenken.

Musiker und Detaillisten: Jost, David Seiler von der New Hampshire Universitiy Jazz Band und Sam Trümpy.

Eisenwarenhandlung Dieffenbacher

FAST EIN JAHRHUNDERT FÜR EISENWAREN

Die lange Geschichte des «Löwen» im Spielhof in Glarus beginnt 1566 als eigentliches Wirtshaus. 439 Jahre später endet eines der vielen Kapitel mit der Eisenwarenhandlung Dieffenbacher.

In alten Aufzeichnungen ist die Wirtsstube «Löwen» 1566 erstmals erwähnt. Das grosse Gebäude enthält zu dieser Zeit Stallungen und Remisen. 1832 wird aus dem Wirtshaus eine Schule, die von Lehrer Marcus König geführt wird. Das Schulzimmer richtet er im grossen, sogenannten Billardzimmer ein. Am 6. Juli 1837 verkauft König sein Anwesen. Sein Nachfolger bringt sein «eigenthümliches Löwenhaus» samt Stall, Remisen und Garten nur ein Jahr später auf die Gant. Der Läufer Joh. Blumer übernimmt ihn und führt in selber.

Im Laufe der Zeit werden die unterschiedlichsten Gegenstände im Löwenhaus gehandelt. Peter Bizzala verkauft Mundharmonikas, ein Goldschmied handelt mit schönstem Schmuck, eine Putzmacherin verschönert Kleider und Hüte, ein Advokat, ein Kleidermacher, ein Kunstmaler und ein Graveur – die Liste der verschiedenen Gewerbe im Löwenhaus ist schier unendlich lang.

Am 22. März 1841 wirbt ein Fechtmeister, der «erste Zeugnisse» aus Deutschland, Holland und den meisten Kantonen der Schweiz besitzt, für seinen Unterricht in «Fechtkunst mit allen Waffen, hauptsächlich im Gewehrfechten nach deutscher und französischer Manier».

1842 wird im Löwenhaus erstmals mit Eisenwaren gehandelt.

Nach dem Brand von Glarus gibt Heinrich Altmann 1862 bekannt, dass er seinen Fleischerladen im Spielhof wieder eröffnet. 22 Jahre später ist der «Löwen» zum Verkauf ausgeschrieben: «Gangbare Metzgerei, grosses Restaurationslokal, Speisesaal, Gastzimmer, grosser Keller, Gas- und Wassereinrichtung, Nebengebäude mit grossem Saal, Stallung, Waschhaus, Hofraum mit laufendem Brunnen und Eisbehälter». In der Ära des «Löwen» wird 1912 ein «Klavierspieler zur Begleitung des Kinematographen» gesucht.

1972 endet die Geschichte des «Löwen» als Restaurant. Er geht für ein Jahr in eine Ruhepause. Dann übernehmen Eugen Dieffenbacher, Hans Olsen und Friedrich Baumgartner die Liegenschaft von Hans Jenny-Heer. Der alte «Löwen» wird abgerissen und macht Platz für ein neues, modernes Geschäftshaus.

Die Geschichte der Dieffenbachers beginnt

Am 17. Juni 1927 erblickt Eugen Dieffenbacher als jüngstes von drei Kindern das Licht dieser Welt. Er wächst zusammen mit seinen Geschwistern Kaspar und Päuli in der Bolengasse in Glarus auf. Als jun-

Eugen Dieffenbacher tritt 1954 in die Eisenhandlung von Fritz Hauser (später Central Garage) ein.

ger Mann beginnt er die Mechanikerlehre bei Arthur Mannhart, muss die Ausbildung aber aus gesundheitlichen Gründen abbrechen. Er entscheidet sich für die Handelsschule in Zürich und schliesst diese erfolgreich mit dem Handelsdiplom ab. In Glarus tritt er am 1. Juli 1954 in die Eisenwarenhandlung von F. Hauser am Kirchweg 44 ein. Der Bruttolohn wird auf 600 Franken angesetzt – mit einer Umsatzbeteiligung von einem halben Prozent.

Gegenüber seines Ladens befindet sich das Restaurant «Steinbock» und bietet Gelegenheit für die eine oder andere Pause. Hier serviert die junge Niederurnerin Anita Keiser. Die stille Anita verzaubert Eugen, erobert sein Herz und 1951 treten die beiden vor den Traualtar. Bald wird aus dem Paar eine Familie. Der kleine Stammhalter Eugen wird zum neuen Mittelpunkt und wird es ein Leben lang bleiben. Zwei Jahre später erhält der kleine Geni ein Schwesterchen, Erika, und weitere drei Jahre später Ruth. Die Kinder wirbeln durchs Haus und geniessen die Liebe ihrer Eltern.

Aussenverkauf: Trotz tiefen Januar-Temperaturen wird fleissig draussen bedient.

Vaters Wunsch, sich selbständig zu machen, erfüllt sich am 1. Januar 1957. Im Alter von 30 Jahren übernimmt Eugen Dieffenbacher zusammen mit seiner Frau Anita das Geschäft von F. Hauser am Kirchweg. Zu dieser Zeit gibt es noch zwei weitere Eisenwarenhandlungen in Glarus: Josua Dürst und Peter Knobel. Beide werden später von der Familie Bischoff übernommen und bis 1962 geführt.

Umzug an die Bankstrasse

Eugen sieht optimistisch in die Zukunft, denn der Bau des Linth-Limmern Kraftwerkes ist in vollem Gang. Er überzeugt seine Frau, die Autoprüfung zu machen. So fährt sie regelmässig mit dem VW nach Linthal und liefert die bestellten Zubehörteile aus.

Zwei Jahre nach der Geschäftseröffnung an der Kirchstrasse kann Eugen das Lebensmittelgeschäft Steinmann an der Bankstrasse 45 käuflich erwerben. Nach kleinen Umbauarbeiten werden die Eisenwaren von der Abläsch an die Bankstrasse zügelt und am 1. Mai 1959 öffnet die Familie Dieffenbacher-Keiser überglücklich das neue Geschäft.

Im Familienalbum der Familie Dieffenbacher ist zu lesen: «Am 8. Geburtstag von Stammhalter Geni betrug der Tagesumsatz 14 Franken und 30 Rappen.»

Das Geschäft floriert, der Platz wird immer enger. So entscheiden sich Dieffenbachers, ihren Vorplatz zu unterkellern, um mehr Lagerfläche zu schaffen.

Ein grosses Erlebnis für die Dieffenbacher-Kinder ist jeweils die samstägliche Fahrt auf die Hürbi in der Alst. Dort verbrennt der Vater die Kartonschachteln und jedes der drei Kinder darf für sich allein eine Cervelat auf einen Haselstecken spiessen und über dem Feuer braten. Umgeben von Rauch und flüchtenden Ratten geniessen sie die Zeit mit ihrem Vater.

In einer zweiten Bauetappe wird im Januar 1966 der Verkaufsladen umgebaut. Kurzerhand zügeln sie den Verkaufstresen samt neuer Registrierkasse auf den Vorplatz des Hauses, was die Kunden aber nicht daran hindert, fleissig einzukaufen. Im April fährt ein mächtiger Camion aus Ulm vor und bringt die modernen Einrichtungen für den neuen Ladenraum. Am Samstag vor der Landsgemeinde ist es dann so weit: Dieffenbachers laden zur Neu-Eröffnung. «Jeder Besucher erhält ein Geschenklein.»

Ruth hilft fleissig mit.

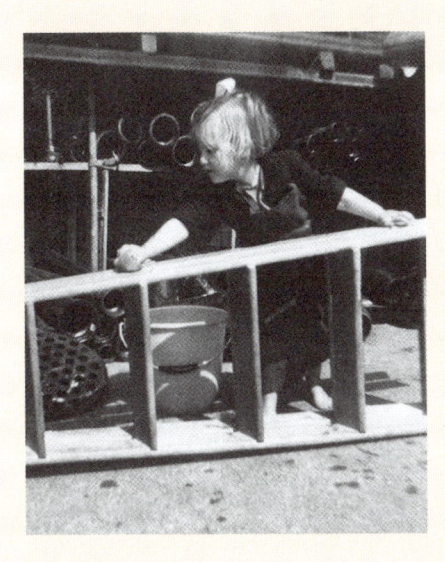

Erika und Ruth (rechts) auf dem Lieferauto: Anita Dieffenbacher-Keiser liefert mit ihren beiden Töchtern Bestellungen aus.

Das Sortiment wird grösser

In diesen neuen Räumen vergnügen sich auch die beiden Mädchen von Dieffenbachers gerne. Jeden Sonntagmorgen tippeln Erika und Ruth runter in den Laden und spielen stundenlang «Verkäuferlis». Sie verkaufen sich gegenseitig Schraubenzieher, Pfannen, Teller oder Nägel, nehmen selber gebasteltes Geld ein und zählen das Retourgeld raus. Dabei lernen sie viel und die Eltern geniessen die morgendliche Sonntagsruhe noch etwas länger.

Am 28. Dezember 1968 versinkt Glarus beinahe im Schnee. Doch Dieffenbacher bringt Abhilfe. Er verkauft an einem einzigen Tag ganze 70 Schneehexen.

Einen weiteren Geschäftszweig eröffnet Eugen Dieffenbacher mit der Fischereiabteilung im Jahr 1970. Als leidenschaftlicher Fischer weiss er, was das Fischerherz neben einem grossen Fang alles begehrt. So ist er gerne mit guten Ratschlägen dabei und hört sich auch mal das eine oder andere Fischerlatein an.

Im Frühling ist es die Fischerei, im Dezember die neue Revolution für den Tisch: Der erste Raclette-Ofen von Stöckli kommt auf den Markt und findet reissenden Absatz. Die Umsätze steigen zunehmend und damit wird der Platz an der Bankstrasse immer enger.
Als das Hotel «Löwen» zum Verkauf angeboten wird, sieht Eugen Dieffenbacher seine grosse Chance kommen. Zusammen mit Hans Olsen und Friedrich Baumgartner kauft er das Gebäude und plant einen Neubau. Im Januar 1974 werden die Bauvisiere für das neue Gebäude gestellt.

Grossauftrag fürs Buchholz

In der Zwischenzeit hat Geni Junior die Kaufmännische Lehre bei Stöckli in Netstal absolviert, das Handelsdiplom abgeschlossen und ist ins elterliche Geschäft eingestiegen. Mit seiner offenen und umtriebigen Art vermag er die Kundschaft für das Sortiment im Laden zu begeistern.

Bunt beflaggt erstrahlt der Neubau, dort wo einst der «Löwen» stand.

Nach dem Abbruch des «Löwen» geht der Neubau schnell voran. Und so stehen am Samstag, 11. Oktober 1974, die vielen Helfer des Turnvereins alte Sektion aus Glarus nach Ladenschluss an der Bankstrasse, füllen Schachteln und Kisten und bringen alles an die neue Adresse.

Und immer still und leise mittendrin ist Anita Dieffenbacher – die wahre Seele des Unternehmens. Sie packt an, hilft, wo sie gebraucht wird und hat immer ein gutes Wort für Mitarbeiter, Helfer und Familie. Die Kunden schätzen ihre Art und ihr fundiertes Wissen. Steht sie einmal nicht im Laden, so wird nach ihr verlangt.

Auch diese Eröffnung wird mit Sonderangeboten und kleinen Überraschungsgeschenken gefeiert. Mutters Liebe zu Haushaltartikeln und Geschenken kommt in der Geschenke-Ecke zum Tragen. Hier findet die Kundschaft das gewünschte Geschenk für Freunde oder eine dringende Anschaffung für den eigenen Haushalt.

Im neuen Laden tritt nun auch die erste Lehrtochter im April 1975 ihre Stelle an. Weitere werden ihr folgen.

Wie sein Vater ist auch Geni junior ein fleissiger Fischer. Auf seine Initiative hin entsteht im Untergeschoss ein Fischerstübli, wo die Jünger Petris alles finden, was zum Anglerglück gehört. Nur die Fische müssen sie noch selber fangen.

Gross ist die Freude, als das Familienunternehmen im Sommer 1980 den grössten, je der Firma erteilten Auftrag erhält: Sie kann die gesamte Werkstätten-Einrichtung im neuen Oberstufenschulhaus im Buchholz in Glarus liefern.

Expansion und abruptes Ende
Während sich Geni junior im Familienunternehmen etabliert, gehen seine beiden Schwestern andere Wege, sind aber immer gerne auf Abruf, wenn sie in irgendeiner Art und Weise gebraucht werden.

Mitte der 80er-Jahre befasst sich der Senior-Chef langsam mit der Übergabe des Unternehmens an seinen geschäftstüchtigen Sohn. So wird 1986 die Dieffenbacher AG an ihn überschrieben. Mit der Unterstützung seiner ersten Frau Lotti, später mit Leandra, packt er mutig an.

Eugen junior im Element.

Mutter Anita zieht sich aus dem Geschäft zurück, Vater Eugen hilft im Hintergrund vorläufig noch mit, ist aber gesundheitlich beeinträchtigt und fährt gerne mit seinem Coco-Mobil ins Klöntal zum Fischen oder in sein geliebtes Ferienhaus.
Geni bringt nun frischen Wind ins Unternehmen und baut zwei Jahre später um. Einen zweiten Umbau realisiert er 1992. Dabei verlegt er die Eisenwarenabteilung ins Untergeschoss, was nicht alle Handwerker positiv aufnehmen. Aber sie gewöhnen sich daran und bleiben dem Unternehmen treu.
1994 übernimmt er das Eisenwarengeschäft von Streiff in Schwanden. Der Expansionskurs bewährt sich und so sieht er eine weitere Zukunft im Glarner Unterland. Als Geni Dieffenbacher vernimmt, dass Helmuth und Käthi Joos in Niederurnen ihren Ruhestand planen, offeriert er ihnen eine schnelle Geschäftsübernahme. Während Joos' diese Übernahme etwas längerfristig planten, macht Geni gerne schnell Nägel mit Köpfen. Und so wird das Firmenschild von Joos Haushalt- und Eisenwarengeschäft Anfang 2002 bereits abmontiert und durch Dieffenbacher ersetzt.

Anita und Eugen Dieffenbacher feiern am 6. Dezember 1986 die Geschäftsübergabe an ihren Sohn Geni.

Noch hat die zweite Generation Dieffenbacher nicht genug vom Expandieren. Ein Jahr später übernimmt er das Geschäft von Etter in Bischofszell. Die Belastung wird zunehmend grösser, aber Geni trotzt dieser und behauptet sich auf dem Markt.
Ein schwerer Schlag für die gesamte Familie ist der Tod von Vater Eugen am 16. März 2004. Und kaum haben sie ein kleines bisschen Luft geholt, erkrankt Geni an Krebs. Diesen Kampf verliert er schnell und stirbt am 17. August 2005.
Mit ihm endet die Ära Dieffenbacher.

Gärtnerei
Grünenfelder

DER NAME VERSPRICHT BLUMEN – GRÜNENFELDER

Seit 1912 steht der Name Grünenfelder für alles, was mit Pflanzen zu tun hat. Bis heute pflegen sie die Familientradition.

Heinrich Grünenfelder-Horst ist Stadtgärtner in Zürich. 1912 beschliesst er, zusammen mit seiner Frau Emma ins Glarnerland zu ziehen. In seiner Heimatgemeinde Niederurnen erwirbt Heiri das einstige Schulmeisterhaus im Mättli.

Emma wäre gern in Zürich geblieben. Traurig packt sie den Hausrat zusammen, lebt sich dann aber schnell und gut in Niederurnen ein. Hier bauen sie eine Handelsgärtnerei auf. Heiri legt dazu einen umfangreichen Garten an und baut Treibhäuser, denn er möchte auch Gemüse- und Zierpflanzen selber kultivieren.

Der Handel mit Pflanzen bildet ihre Existenz. Um das Geschäft optimal abzurunden, bietet Grünenfelder zusätzlich Gartenunterhaltsarbeiten und Grabbepflanzungen an.

Auch die Kinder Heiri, Emmi, Rösi, Ursi und Leni helfen im elterlichen Betrieb mit. In der Freizeit pikieren sie Neusaaten, jäten Beete aus oder tragen Blumen zu den Kunden.

Wie viele andere Niederurner Familien auch halten Grünenfelders im kleinen Schopf neben dem Wohnhaus Tiere. So sorgt eine Kuh für den täglichen Milchbedarf und das Schwein verwertet die Haus- und Gartenabfälle und bringt im Spätherbst willkommene Fleischvorräte für die Grossfamilie.

Emma und Heinrich Grünenfelder-Horst, das Gründerpaar des Familienunternehmens.

Als Heiri Grünenfelder-Horst im Alter von 49 Jahren verstirbt, übernimmt der junge Heiri das Geschäft. Zusammen mit seiner Mutter und seiner Schwester Leni führt der erst 21 Jahre alte Heiri die Gärtnerei. Ganz im Sinne des Vaters pflanzen sie weiterhin an und kämpfen sich durch die schwierige Vorkriegszeit.

Frühling und Herbst ist Friedhofzeit
Fünf Jahre später, 1936, heiratet Heiri Trudi Rüegg. Auch sie hat die Liebe zu den Pflanzen in sich, unterstützt ihren Mann im Geschäft und hilft, wo sie nur kann.
Bald beleben ein kleiner Heiri und seine Schwester Bethli den Alltag im Mättli.
Auch Heiris Schwester Emmi bleibt den Pflanzen treu. Sie heiratet einen Gärtner und führt mit ihm ein eigenes Geschäft in Regensdorf. Schwester Leni heiratet Erwin Torgler, bleibt dem Familienunterneh-

Der Nachwuchs posiert unter dem Firmenschild. Der zweite in der Reihe ist der junge Heiri.

Trudi und Heiri Grünenfelder-Rüegg frisch verliebt.

men aber weiterhin treu und gibt ihr grosses Wissen rund um die Pflanzen später an ihre drei Söhne Ernst, Willi und Ueli weiter.

Rund um die Schweiz tobt der Zweite Weltkrieg. Grünenfelders müssen sich mächtig anstrengen, damit immer genügend Geld in der Kasse ist. Lange, anstrengende Arbeitstage sind die Folge. Alle müssen den Gürtel enger schnallen, Gross und Klein helfen fleissig mit.

Sobald die Blumen Samenstände tragen, sammeln sie diese sorgfältig ein und tragen sie in die Gärtnerei. Dort werden die Samen auf der alten Briefwaage gewogen und anschliessend in kleine Papiertütchen verpackt. So kommen sie dann in den Verkauf, denn in der Zwischenzeit hat Heiri Grünenfelder in einem der Treibhäuser seinen ersten kleinen Laden eingerichtet.

Auch bei der Ernte im eigenen Obstgarten helfen die Kinder mit und sorgen für einen vielseitigen Wintervorrat, der in diesen Zeiten begehrt ist.

Familie und Mitarbeiter inmitten der Gartenbeete.

Herbst und Frühling werden in der Gärtnerei als Friedhofszeit bezeichnet. Dann gilt es, die verschiedenen Gräber auf den umliegenden Friedhöfen für den Winter neu zu bepflanzen. Grünenfelders haben noch kein Auto. So fährt jeweils der Mühle-Sämi mit seinem Auto, beladen mit den vielen Blumensetzlingen, zum entsprechenden Friedhof und nimmt auch das kleine Bethli mit. Noch heute erinnert sie sich daran, wie sie diese Zeit liebte: «Wenn wir in einem anderen Dorf arbeiteten, durften wir auswärts essen. Das war etwas Einmaliges.»

Der neue Laden im Gewächshaus
Zu dieser Zeit arbeiten auch zwei angestellte Gärtner im Familienbetrieb. Diese wohnen zusammen mit der Familie im Mättli. Im Haus direkt nebenan lebt Leni Torgler-Grünenfelder mit ihren drei Buben. Der dritte Heiri in der Generationenfolge absolviert die Lehre zum Landschaftsgärtner in der Westschweiz in der Gartenbauschule Châ-

Heinrich Grünenfelder-Horst.   Heinrich Grünenfelder-Rüegg.

telain und sammelt später weitere Berufserfahrungen im Landschaftsbau bei verschiedenen Firmen im In- und Ausland. Bevor er in das elterliche Unternehmen zurückkehrt, bildet er sich in Kassel weiter zum Landschaftsarchitekten und arbeitet einige Jahre bei Willi Neukomm, Garten- und Landschaftsarchitektur in Zürich.

Gewappnet mit breitem Wissen und Berufserfahrung tritt er 1968 in den elterlichen Betrieb ein und baut den Geschäftszweig Garten- und Landschaftsbau immer weiter aus. Die Konjunktur blüht und die Hausbesitzer beginnen, ihre Gärten grösser anzulegen oder anlegen zu lassen. Der Gartenarchitekt ist gefragt und willkommen. Sport- und Tennisplätze, Schulhausanlagen, Spielplätze und vieles mehr werden erstellt und die Firma Grünenfelder hat volle Auftragsbücher.

Um den grossen Bedarf an eigenen Pflanzen abzudecken, bauen sie 1959 ein weiteres grosses Gewächshaus und darin einen neuen Laden. Durch die schmale Glastüre gelangt der Kunde nun über zwei Stufen

Heinrich Grünenfelder-Weiersmüller.

Willi Torgler-Rüegg.

hinunter in den kleinen Laden, der durch das feuchte Klima und die duftenden Pflanzen immer auch leicht exotisch wirkt.

Zwei von Lenis Söhnen, Willy und Ueli, sehen ihre berufliche Zukunft ebenfalls in einer Gärtnerei. Ihr Herz schlägt für die Pflanzen und so erlernen sie den Beruf des Landschaftsgärtners in der Gartenbauschule in Oeschberg. Ueli zieht es später in die Fremde, Willy steigt im Alter von 22 Jahren ins Familienunternehmen ein.

Ein Gartencenter entsteht

Als 1976 Heiri Grünenfelder-Rüegg stirbt, übernimmt sein Sohn das Unternehmen und führt dieses zusammen mit seiner Frau Rosmarie und seinem Cousin Willi Torgler. Unter Torglers Leitung steht auch die rund drei Hektar grosse Baumschule in Ernetschwil, die neue Türen ausserhalb des Kantons Glarus öffnet.

Im Unternehmen in Niederurnen arbeiten inzwischen rund 40 Mitarbeiter. Die Platzverhältnisse im Mättli werden immer enger und die Geschäftsleitung befasst sich mit einer Vergrösserung. Am alten Standort ist dies aber nicht möglich. Das Grundstück ist nicht so gross, dass es für eine optimale Anpassung reichen würde, und auch der Standort, mitten in einem Einfamilienhausquartier, sieht längerfristig ungünstig aus.

Heiri Grünenfelder möchte mit dem Geschäft in das «Dreieck» unterhalb der Autobahn umsiedeln. Die gewünschte Fläche befindet sich jedoch in einer sogenannten Freihaltezone, und damit müssen die Stimmbürger an einer ausserordentlichen Gemeindeversammlung die Umzonung gutheissen. Diese Versammlung findet im November 1989 statt und führt zu hitzigen Diskussionen. Nach ausführlichen Debatten wird der Umzonung mit 159 zu 84 Stimmen zugestimmt. Grünenfelder freuts und so können sie mit ihrer Planung weiterfahren und damit längerfristig viele Arbeitsplätze im Dorf sichern.

Rund fünf Jahre später feiern sie die Eröffnung des neuen Gartencenters mit einer Verkaufsfläche von über 3000 Quadratmetern. Nun sind die Möglichkeiten schier unerschöpflich. Neben Pflanzen kommen jetzt auch Gartenmöbel, Whirlpools und Deko- sowie Bastelartikel ins Sortiment. Die Zeit des Wohnens im Aussenbereich beginnt und damit ist Grünenfelder auf dem richtigen Weg.

Mit dem Neubau wird innerhalb des Unternehmens der immer stärker werdende Garten- und Landschaftsbau separat geführt und steht unter der Leitung von Willy Torgler.
Nach der Jahrtausendwende erkrankt Heinrich Grünenfelder-Weiersmüller und stirbt am 8. Mai 2001. Seine Frau Rosmarie führt nun das Unternehmen mit der Unterstützung von Willy Torgler und dem Bauführer Paul Blum weiter.

Die vierte Generation
Damit der Gärtnerberuf auch in Zukunft optimal weiterbesteht, bilden Grünenfelders in all den Jahren unzählige Lehrlinge aus. Vom Landschaftsgärtner über die Floristin bis hin zum Gärtner lernen immer mehr junge Menschen dieses Handwerk von Grund auf. Aber auch Menschen mit einer Beeinträchtigung finden eine Beschäftigung im Gartencenter.
2012 feiert die H. Grünenfelder AG das 100-Jahr-Jubiläum. Einige Jahre später geht die Leitung an Monika und René Treier-Grünenfelder. Sie sind bereits seit Längerem im Unternehmen und haben genügend Erfahrung gesammelt, um dieses optimal in die Zukunft zu führen.
Sie können auf ein gut eingespieltes Team zählen, das sie bestens unterstützt.
Das Unternehmen wächst stetig und zählt nach fünf Jahren zwischen 50 und 70 Angestellten.

Optik Gallati

VOM ZIGERMANDLI ZUM OPTIKER

Kurt Gallati-Schnyder führte das Geschäft rund um die Optik in der zweiten Generation. Heute ist sein Sohn Daniel und dessen Schwester im Unternehmen aktiv.

Melchior Gallati erblickt am 18. Oktober 1873 das Licht der Welt. Im Alter von 27 heiratet er die Weberin Josefa Ziegler aus Unterschächen. Sie gründen eine Familie und so leben sie mit ihren vier eigenen und einem Pflegekind in Näfels. Melchior ist aber nicht oft zu Hause, denn er ist Handelsmann – ein Zigermandli.

Er trägt seinen schwer beladenen, geflochtenen Korb auf dem Rücken und wandert in den Kantonen Aargau, Thurgau, Solothurn und St. Gallen von Haus zu Haus. Er bietet Glarner Ziger und Glarner Kräutertee an. Beides sind zu dieser Zeit begehrte und bekannte Produkte aus dem kleinen Bergkanton. In seinen besten Zeiten verkauft Melchior 50 Kilogramm Ziger an einem einzigen Tag. Das Geschäft floriert und die duftenden «Pfünderstöggli» finden reissenden Absatz. Regelmässig lässt er sich Nachschub aus dem Kanton liefern. Diesen holt er jeweils an den Bahnstationen in den entsprechenden Dörfern ab, packt sie in sein «Raschi», und weiter geht die Einkaufstour.

Auch die Teemischungen sind bei den Hausfrauen beliebt. Ob Blutreinigungs-, Brust- oder Frauentee, alles gehört in die Apotheke. Und auch der Glarner-Tee ist bekannt und beliebt.

Die einzelnen Kräuter wie Pfefferminz, Frauenmänteli, Huflattich oder Islandmoos sammelt die Mutter zusammen mit ihren Buben in der Umgebung von Näfels. Zum Trocknen werden die kostbaren Kräuter im Saal des Restaurant «Schützenhof», der im Sommer nicht genutzt wird, auf Tischen ausgelegt und getrocknet. Damit die Kräuter später optimal aufgebrüht werden können, drehen die Kinder diese sorgfältig durch die handbetriebene Hackmaschine und helfen schlussendlich auch beim Verpacken der verschiedenen Teemischungen.

Kurt Gallati erinnert sich, dass er als kleiner Junge beim Abpacken des Tees mithalf. Die Gebrauchsanleitung weiss er noch bestens auswendig: «Für 1 Person nehme man 1 Löffel voll. Für 2 Personen das Doppelte.»
Ein Witz, der damals zirkulierte, zeigt auf, wie bekannt der Glarner-Tee zu jener Zeit war: Ein Glarner hört während der Französischen Revolution die lauten Rufe der Franzosen. Sie rufen «egalité, fraternité, liberté». Der Glarner ruft mutig dazu: «Und Glarner-Tee.»
Damit Melchior auch während des Zweiten Weltkrieges immer zu einem guten Mittagessen kommt, holt Josefa auf der Gemeinde jeweils die rationierten Mahlzeiten-Coupons und schickt sie ihrem Mann zu.

Das Geschäft mit dem Ziger trägt Früchte

Die guten Geschäfte von Melchior bringen es mit sich, dass er regelmässig genügend Geld nach Hause schicken kann. Ehefrau Josefa lebt mit ihren Kindern, wie ihr Mann, sehr bescheiden. Das ermöglicht Melchior,

Strahlend posieren Ernst, Rösli und Kurt (von links) vor dem Schaufenster, in dem ein Plakat für den Flugtag 1947 in Mollis wirbt.

Uhren Gallati wirbt 1949 für sein Geschäft.

1914 im Villäggen ein eigenes Haus zu bauen. Aber er zieht weiterhin in der Fremde von Haus zu Haus. Er weiss seine Kinder in bester Obhut.

Der älteste der Gallati-Buben, ebenfalls ein Melchior, darf in Glarus beim Uhrenmacher Frey eine Lehre absolvieren. Überglücklich über seinen gewählten Beruf, eröffnet er am 1. Februar 1922 im Dorf 27 eine Uhren- und Schmuckhandlung.

1930 baut Vater Melchior für seinen Sohn das Geschäftshaus an der Bahnhofstrasse 6. Zusammen mit seiner Frau Maria Elisabeth zieht er in dieses Haus ein. Zwar eröffnet im gleichen Jahr ein weiterer Uhrenmacher in Näfels sein Geschäft. Doch Melchior junior lässt sich nicht einschüchtern. Er ist zuversichtlich.

Bald kommt Töchterchen Erna auf die Welt. Als die Kleine gerade mal fünf Jahre alt ist, stirbt die Mutter an Tuberkulose. Das Leben muss weitergehen. Dank der Unterstützung der Grossmutter übersteht Erna den Trennungsschmerz und gedeiht bestens.

Familienglück: Erna, Rösli, Kurt, Klara und Melchior Gallati-Wolf, vorne: Margrith und Ernst.

Eines Tages fährt Ernas Vater mit Schmuck in den «Freihof» in Luchsingen. Als einziger Gast sitzt er in der Wirtsstube und wird von der hübschen, netten Klara Wolf aus Giswil bedient. Die beiden kommen ins Gespräch und bald springt der Funke über. Sie heiraten am 19. August 1938. Klara schenkt ihrem Melchior zwei Buben und zwei Mädchen. Die fünf Kinder wachsen wohlbehütet in den oberen Stockwerken des Geschäftshauses an der Bahnhofstrasse auf.
Wenn es Familie und Haushalt zulassen, steht auch Klara im Uhrengeschäft und bedient die Kundschaft.

Die Rauti-Märkli

Zehn Jahre nach dem Umzug an die Bahnhofstrasse kann Melchior die Liegenschaft kaufen. So führt er sein Uhren- und Schmuckgeschäft weiterhin selbstständig zusammen mit seiner Frau.
Der älteste Sohn von Melchior und Klara, Kurt, ist fasziniert vom elterlichen Unternehmen. Seinen Traum, ebenfalls Uhrmacher zu werden, verfolgt er zielstrebig. Auch er macht, wie sein Vater, die Uhrmacher-

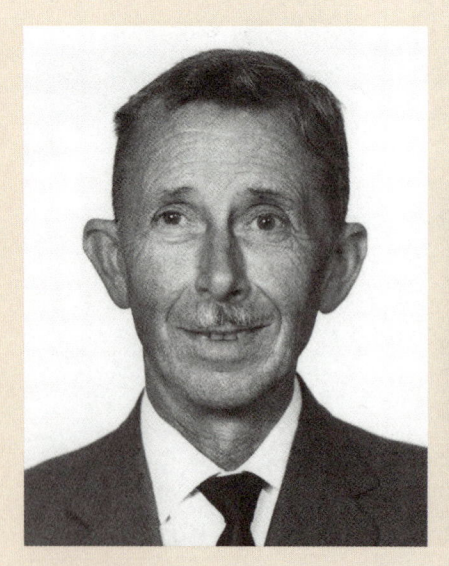

Melchior Gallati-Wolf.

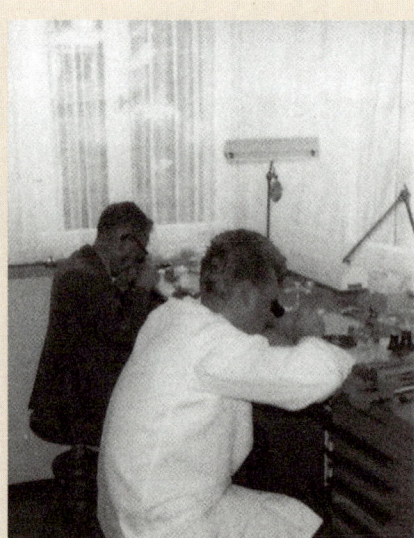

Vater und Sohn arbeiten in der Werkstatt.

1965 sind die beiden Geschäfte Uhren und Optik im gleichen Haus untergebracht.

lehre beim Uhrenmacher Frey in Glarus. Dieser ist bereits der Sohn von Vaters Lehrmeister. Nach der Lehre bildet sich Kurt bei Jäggi in Chur weiter zum Optiker aus.

Die neuen Technologien in der Optik-Branche erfordern Neuerungen im Familienunternehmen. Kurt plant, im elterlichen Geschäft mitzuarbeiten und baut zusammen mit seinem Vater um. Sie richten einen Augenprüfraum und eine Werkstatt ein und sind damit wieder auf dem neuesten Stand der Technik. Als Kurt 1965 ins Geschäft einsteigt, gründen Vater und Sohn eine Companie und Kurt ist ab sofort Teilhaber von Gallati Uhren & Optik.

Zwei Generationen: Claudia, Sibyll, Maria, Daniel und Kurt Gallati (von links).

Vier Jahre später kommt auch Bruder Ernst in die Companie. Er betreut die Schmuck-Abteilung, die im gleichen Verkaufsraum beheimatet ist. Zu dieser Zeit erhalten die Kunden beim Einkauf jeweils Rex-Punkte. Mit einer bestimmten Anzahl Punkte locken Prämien. Artikel, die auch bei den Glarner Geschäften gekauft werden könnten, werden aus der ganzen Schweiz angeliefert und verschenkt. Das sehen die Detaillisten nicht gern. Melchior Gallati und seine Detaillisten-Kameraden beschliessen, ein eigenes System anzubieten. Sie kreieren die Rauti-Punkte und bringen mit ihnen ein begehrtes Sammelprodukt auf den Markt, das Preise aus den eigenen Geschäften verschenkt.

Im Haus neben den Gallati Uhren und Optik bietet Fritz Feldmann-Amrhein Schuhe an. Sein Sortiment richtet sich an alle Schuhbesitzer. So wirbt er in einem Inserat, dass «prima Schuhe für Landwirte auch jauchebeständig» sind.

Als das Schuhhaus Feldmann seine Türen schliesst, zieht Gallati Optik ein Haus weiter, an die Bahnhofstrase 8. Die Bijouterie von Kurts Bruder Ernst bleibt an der Bahnhofstrasse 6. So finden die beiden Brüder mehr Platz für ihr Sortiment und die Kundschaft kann individueller bedient werden.

Die dritte Generation

Bevor Kurt und Maria Gallati-Schnyder die neuen Räumlichkeiten eröffnen, bauen sie um. Aus dem Schuhladen wird ein veritables Optikergeschäft, das sich nun auf die verschiedensten Arten von Brillen spezialisiert.

Ein halber Meter Schnee liegt, als sie am Fasnachtsdienstag 1970 ins neue Heim zügeln.

Als begeisterter Schütze weiss Kurt, worauf es bei den Schiessbrillen ankommt und legt grossen Wert auf dieses Sortiment. Aber auch Feldstecher, Fernrohre, Baro-, Hygro- und Thermometer sind im Angebot.

Eine grosse Leidenschaft, die er von seinem Vater geerbt hat, sind die Vögel. Im hinteren Hausteil baut er grosse Volieren, in denen rund 100 Vögel leben. Finken, Wellensittiche und Papageien finden dort ein schönes Zuhause und Kurt immer wieder einen friedlichen Ausgleich zum Geschäft.

Kurt lebt mit seiner Frau und den fünf Kindern in den oberen Etagen des Geschäftshauses. Auch Maria steht gerne im Geschäft und so entwickeln auch drei der Kinder eine Liebe zum Optikgeschäft oder mindestens zur Feinmechanik. Während Kurt nicht damit rechnet, dass eines seiner Kinder in seine Fussstapfen treten wird, ist es heute Daniel, sein ältester Sohn, der das Geschäft führt.

Er absolvierte die Lehre als Audio-Video-Elektroniker bei Radio Noser in Niederurnen, arbeitete als Informatiker und lernte danach beim Vater Augenoptiker. Dies reichte ihm noch nicht und so wurde er Optiker-Meister und Hör-Akustiker-Meister.

Ein Jahr vor Daniels Eintritt ins elterliche Unternehmen tritt die älteste Tochter, Claudia, ins Geschäft ein.

Im August 2002 übergibt Kurt Gallati das Geschäft an seinen Sohn Daniel und arbeitet mit 50 Stellenprozenten als Angestellter bis zu seiner Pensionierung weiter.

Seine Volieren mussten einem Umbau weichen. Diese Liebe hat er aufgegeben. Die Liebe aber zum Glarner Schabziger, die hat er beibehalten. «Zwei Zigerstöggli stehen immer in meinem Kühlschrank als Reserve», sagt der Rentner heute lachend.

Haushalt- und Eisenwarengeschäft Joos

GLAS, PORZELLAN UND WERKZEUGE

Im Chilcherank in Niederurnen wird der Grundstein für das spätere Haushalt- und Eisenwarengeschäft Joos gelegt.

Maria Rossi ist 26 Jahre alt, als sie Henri Joos in Niederurnen kennenlernt. Ihre ersten Lebensjahre verbrachte sie in der Heimat ihres Vaters, in den Dolomiten. Weil es damals üblich war, dass eine junge Mutter ihr erstes Kind bei den Eltern zur Welt bringt, reiste die hochschwangere

Mutter von Maria nach Italien für die Geburt. Die bedrohliche Situation vor dem Ersten Weltkrieg brachte es mit sich, dass Mutter und Kleinkind anschliessend dort blieben.

Als sich die Situation beruhigt, reisen sie wieder ins Glarnerland zum Vater, wo Maria aufwächst und die Schule besucht.

Als sie 1938 den jungen Niederurner heiratet, arbeitet sie sofort im Familienbetrieb mit, den ihr Ehemann bereits seit längerer Zeit mit seinen vier Brüdern führt. Die Gebrüder Joos betreiben eine Alteisenhandlung. Sie demontieren ausgediente Fabrikanlagen und Lokomotiven. Dazu reisen sie auch über die Kantonsgrenze hinaus und zerlegen Dampflokomotiven der Bern-Lötschberg-Simplon-Bahn. Hans, einer der fünf Gebrüder Joos, fährt zudem regelmässig mit einem mit Tassen und Tellern bestückten Auto Höfe und Dörfer ab und sammelt Lumpen ein. Im Tausch dafür erhalten die Frauen Tassen und Teller. Ein gut florierendes Tauschgeschäft kommt damit in Gang und legt unbewusst den eigentlichen Grundstein für das spätere Haushaltwarengeschäft. Die Lumpen werden weiterverkauft, der Erlös reicht für ein angemessenes Leben.

Zwei Jahre nach Marias und Henris Hochzeit wird aus dem Ehepaar eine Familie, der erste Sohn, Helmut, wird im Haus neben dem Geschäft im Chilcherank in Niederurnen geboren. Ihm folgen 1941 Renato, 1942 Gerda und 1947 – als Nachzügler Heinrich. Das Glück scheint perfekt: gesunde Kinder, ganze drei Stammhalter, ein süsses Töchterchen, und ein Geschäft, das anerkannt und beliebt ist.

Ein schwerer Schicksalsschlag

Maria Joos-Rossi arbeitet gerne im Laden. Dort verkauft sie alles, was in den Haushalt gehört. Vom Putzlappen über Reinigungsmittel, Pfannen und Geschirr. Und nun stehen auch die Tassen und Teller im Regal, die ansonsten von ihrem Schwager mit dem Auto unterwegs eingetauscht wurden.

1943 kann Marias Mann das ehemalige Arzt-Haus im zweiten Rank beim Dorfbrunnen erwerben. Das Ladenlokal erweitert er grosszügig und im Nebenhaus an der Strehlgasse richtet er ein Eisenwarengeschäft ein. Das Alteisengeschäft verkauft er dann Anfang der 50er-Jahre aber an Hans Meier, den späteren Regierungsrat.

Das Geschäft läuft und Mutter Maria wird zum eigentlichen Herzstück des Unternehmens. Sie schaut zu den Kindern, organisiert den Haushalt und führt nebenbei auch den Laden.

Einen schweren Schlag erleidet die Familie, als 1956 der Familienvater unverhofft stirbt. Die schmerzliche Lücke ist nicht aufzufüllen, aber Marie Joos ist stark und für ihre vier Kinder da. Sie muss den Verlust wegstecken und nach vorne schauen. So führt sie den Laden unter dem Namen Henri Joos Erben weiter und ist froh um die langjährige Unterstützung von Willy Reichensperger, der im Geschäft zu ihrer rechten Hand wird. Katholisch getauft, reformiert geheiratet – das erschwert zu dieser Zeit das Leben der jungen Witwe. Trotzdem findet sie Trost im Glauben. Regelmässig besucht sie die Frühmesse, während ihre Kinder noch schlafend im Bett liegen. Erst als auch der jüngste Sohn gefirmt ist, darf sie in der Messe auch wieder zur Kommunion gehen.

Wanderjahre
Der älteste Sohn, Helmut, ist sehr weltoffen. Reisen und fremde Länder begeistern ihn schon früh. Nach seiner Ausbildung zum kaufmän-

Ein riesiges Sortiment findet sich im Haus im Chilchenrank.

nischen Angestellten reist er mit 19 Jahren nach Paris, um dort zu studieren. Die Offenheit dieser Weltstadt fasziniert ihn. Dennoch kehrt er in die Schweiz zurück und arbeitet in Vevey als Eisenwarenverkäufer. Noch gut erinnert sich heute Helmut Joos an einen seiner bekanntesten Kunden: «Luftfahrtpionier Auguste Piccard, der Grossvater von Bertrand Piccard, war regelmässig in unserem Geschäft und kaufte Schrauben und Werkzeuge.»

Im glarnerischen Niederurnen sehnt sich Helmuts Mutter nach ihrem Sohn, damit er in das Familienunternehmen einsteige. Sie lässt ihn das auch regelmässig wissen. Aber noch ist er nicht so weit. Er möchte seine Unbeschwertheit geniessen und seinen Wunsch, nach Amerika zu reisen, in die Tat umsetzen. Er sagt sich, «alle erfolgreichen, berühmten Menschen gingen nach Amerika.» So fragt er nach einem Immigrantenvisum. Auf dem Konsulat wird ihm mitgeteilt: «Sie müssen dafür ein Jahr warten.»

Als er bei einem Wochenendaufenthalt in Mollis Käthi Kamm kennenlernt, springt der Funken über. Die beiden verlieben sich und beschliessen, gemeinsam nach Amerika zu gehen. Noch lässt das Paar offen, ob sie dort bleiben werden, oder ob es nur ein längerer Aufenthalt sein wird.

1971 steht der Chef Helmut Joos (rechts) selber am Feuer und stellt bei einem Flambierkurs den neuesten Trend vor.

Sie durchlaufen das langwierige Visumsverfahren und erhalten ein Jahr später, 1963, die Erlaubnis, in die USA einzureisen. Das Abenteuer kann beginnen.

Auf nach Amerika
Käthi hat bereits eine Anstellung als Au-pair in New Jersey in Aussicht, Helmut ist geborener Optimist und lässt sich überraschen. Mit dem Anstellungsvertrag von Käthi und der Adresse einer Jugendherberge in New York für Helmut kehren sie der Schweiz den Rücken zu. In New York angekommen, tritt Käthi ihre Stelle an, während sich Helmut auf Stellensuche macht. Jede Nacht um ein Uhr holt er sich die neueste Ausgabe der New York Times, durchforstet die Stelleninserate und nach nur zwei Wochen findet er sich in einem grossen, weltweit tätigen Import-Export-Geschäft in New York wieder. Als einziger

Maria Rossi, zwischen Käthi und Helmut, ist auch im neuen Geschäft gerne mit von der Partie.

Christ in einem jüdischen Unternehmen lernt er sehr viel dazu und schätzt die verantwortungsvolle Arbeit, die ihm übertragen wird.
Käthi findet eine kaufmännische Stelle im Herzen der Grossstadt New York. Die beiden sind glücklich in dieser lebendigen Stadt, die niemals schläft und liebäugeln damit, ein eigenes Geschäft zu eröffnen. Die wachsende Kriminalität und Mutters Sehnsucht bewegt das junge Paar aber nach drei Jahren zum Umdenken.
Bevor sie aber in die Enge des Glarnerlandes zurückkehren, bedingen sie sich noch eine grosse Amerika-Reise aus. Quer durch die USA, bis hinauf ins kanadische Vancouver und dann hinunter an die Südküste sind sie unterwegs. Den Abschluss machen Jamaica, Kolumbien und Equador.
Reich an Erlebnissen und Eindrücken treten sie die Heimkehr an.
Helmut steigt in Mutters Geschäft ein und bereits am 1. Oktober 1966 übernimmt er zusammen mit Käthi den Laden. Mutter Maria und Willy Reichensperger bleiben dem Laden erhalten.

Umzug an die Ziegelbrückstrasse

Die Mobilität der Kundschaft nimmt rasant zu. Aber im Chilchenrank, bei Helmut Joos, fehlen die Parkplätze. No Parking – no business, sagen sich Käthi und Helmut Joos. Sie machen sich auf die Suche nach einem geeigneten Grundstück, das für ein eigenes Geschäftshaus infrage kommen könnte. An der Ziegelbrückstrasse, damals noch am äussersten Dorfrand, werden sie fündig.
Nur drei Jahre nach der Geschäftsübernahme ist im Amtsblatt des Kantons das Baugespann zu lesen: «Erstellung eines Wohn- und Geschäftshauses an der Ziegelbückstrasse ‹Im Brugghof›, wie durch Profile bezeichnet. Niederurnen, 9. Januar 1969.»
Auf einer Parzelle von 1200 Quadratmetern entsteht nun im Eilzugtempo ein moderner Neubau mit acht Wohnungen, einem Café und einem Ladengeschäft. Bereits am 21. November 1969 laden die Inhaber zur Geschäftseröffnung. Noch sind die Wohnungen im Obergeschoss nicht ganz fertig, aber der Laden ist reich bestückt mit Eisenwaren auf der einen Seite, Glas, Porzellan und Haushaltgeräten auf der anderen Seite. Die Idee mit der modernen, integrierten Geschenkboutique wird zum grossen Erfolg.

Die ersten Wochen im neuen Geschäft laufen bestens an. Dann, am 23. Dezember, ist der grosse Tag: Helmut und Käthi Joos ziehen in die neue Wohnung oberhalb des Ladens. Das kleine Töchterchen, Pascale, ist gerade mal ein halbes Jahr alt und nimmt Käthi Joos in Anspruch. Aber sie meistert das mit links. Am 23. wird gezügelt, der Abendverkauf durchgezogen und die Mutterpflichten werden keinen Moment vernachlässigt.

Optimale Ergänzung

Das Geschäft an der Ziegelbrückstrasse wird zur begehrten Adresse für Haushalt- und Eisenwaren. Helmut eignet sich ein grosses Wissen bei Schliessanlagen an und wird dadurch zum begehrten Fachmann. Schulhäuser, Hotels, Geschäftshäuser und Spitäler – er weiss, wie Schliesspläne geschrieben und umgesetzt werden. Und je komplizierter, umso lieber setzt er sich an die Planung.

Das Paar ergänzt sich hervorragend. Gemeinsam fahren sie regelmässig nach Frankfurt zum Einkauf, denn ihr Ziel ist es, die neuesten Artikel als Erste in der Region in den Laden zu holen.

Käthi und Helmut Joos kurz vor der Übergabe an Geni Dieffenbacher.

Und auch als 1972 die zweite Tochter, Martina, das Familienleben aufmischt, bleibt Käthi Joos dem Laden treu. Sie führt die Angestellten in der Haushaltwarenabteilung mit viel Feingefühl und bildet zusammen mit ihrem Mann über 20 Lehrlinge aus.
Während sich Helmut in der Freizeit gerne sportlich betätigt, pflegt seine Frau in unzähligen Stunden ihren Garten. Jedes der beiden findet damit den optimalen Ausgleich zum gemeinsamen Arbeitsalltag.

Die Geschäftsübergabe
Tausende von Schrauben und Nägeln sind über den Ladentisch gegangen. Hunderte von Tellern und Tassen haben den Besitzer gewechselt. Das Pensionsalter ist zwar noch zwei Jahre entfernt, dennoch befassen sich Joos' zu Beginn des 21. Jahrhunderts mit der Nachfolge.
Ein Mitbewerber auf dem Markt, Eugen Dieffenbacher aus Glarus, ist am Geschäft in Niederurnen interessiert. Und schneller als eigentlich geplant, geht nach 36 Jahren, am 30. April 2002, ein Niederurner Unternehmen in neue Hände.
Ein grosses Abschluss- und Übergabefest wird gefeiert. Dann steigt Helmut Joos auf die grosse Leiter und entfernt mit Wehmut den Schriftzug, der so viele Jahre für sein Unternehmen geworben hat.
«Der Schritt war doch etwas hart. Ein Jahr später wäre für uns optimal gewesen», sagt er heute rückblickend.
Dank den vielen, zeitintensiven Hobbys, welchen sich Käthi und Helmut Joos seither widmen, wird ihnen nach wie vor nicht langweilig.

Die Zukunft
«Ich glaube, jemand der innovativ ist,
Nischen pflegt und sich spezialisiert,
der hat auch heute noch gewisse
Chancen. Aber die grossen Zeiten der
Detaillisten, die sind vorbei. – Aber
Ausnahmen gibt es immer.»

Hefti Sport

AUS DER SCHREINEREI HEFTI WIRD HEFTI SPORT

Hans Hefti legt in seiner Schreinerei in Luchsingen den Grundstein für eines der ersten Sportgeschäfte im Glarnerland.

Luchsingen, 1941. Im Tschächli steht die Schreinerei von Hans Hefti. Hier stellt er Tische, Schränke und Möbel her – und Ski. Erst wenige Glarnerinnen und Glarner probieren diese neue Sportart aus. Hinauf auf den Berg, mit den Fellen an den Skiern, und dann die Talfahrt geniessen, im frischen Pulverschnee oder im Frühlingssulz. Skilifte gibt es noch nicht sehr viele, also wird die Muskelkraft eingesetzt.

Hans ist aktives Mitglied im Skiclub Schwanden, fährt mit seinen Club-Kameraden gerne Skirennen. Um für sich und die anderen jungen Kollegen das Hobby erschwinglich zu machen, beginnt er in seiner Schreinerei Ski selber herzustellen. Später wird er Technischer Leiter und Tourenleiter im SC Schwanden. Fast jedes Wochenende organisiert und führt er Skitouren mit bis zu 40 Teilnehmerinnen und Teilnehmern. Seine Klubkameraden bilden einen treuen Kundenstamm, denn aus eigener Erfahrung weiss er, woran es beim Skikauf ankommt, wie lang der Ski sein muss und welche Spannung das Holz haben soll.

Sämi Zopfi, der Schwager von Hans, arbeitet mit in der Schreinerei. Er widmet sich hauptsächlich der Herstellung der Ski und entwickelt ein breites Wissen in diesem Bereich. Vor allem im Winter, wenn die allgemeinen Arbeiten in der Schreinerei etwas weniger sind, stellen sie Ski her und verkaufen sie fortlaufend.

Unter den Skifahrern ist der «Hefti-Abfahrt-Ski» bekannt. Wer diesen Ski besitzt, gehört dazu.

Heftis stellen ihn aus Eschen- und Hickory-Holz her, die Kanten sind sogenannte Blaukanten aus Kunststoff und werden aufgeklebt, und auch die Bindung ist noch eine einfache Angelegenheit. Lediglich Metallwangen halten den Schuh fest. Etwas später kommt die bekannte Kandahar-Bindung, die mittels eines Kabelzuges dem Schuh bereits mehr Halt gibt. Den Namen Kandahar hat diese Neuerung Sir Robert of Kandahar zu verdanken, der 1911 einem Abfahrtsrennen im Berner Oberland einen Pokal stiftete.

Neue Spannung braucht der Ski

Da der ganze Ski zu dieser Zeit noch aus Holz, ohne Metall- und Kunststofflaminate besteht, bringen die Skifahrer ihren Ski auch in die Schreinerei zur Reparatur. Ist ein Spitz abgebrochen, steigt Hans Hefti ins Lager, wählt einen neuen Spitz aus, der in der Holzstruktur und in der Grösse in etwa dem defekten Ski entspricht. Er fräst den Ersatzspitz schräg an, den Ski im vorderen Bereich ebenfalls, passt beides so zusammen, und verleimt die beiden Teile mit Heissleim.

Der intakte Ski dient nun als Schablone, damit der reparierte Ski nach viel Handarbeit zum Partner passt. Glücklich nimmt der Skifahrer seinen reparierten Ski entgegen und freut sich auf die nächste Talfahrt.

Auch wenn die Skier ihre Spannung verloren haben, bringen die Sportler diesen zu Heftis. Dort wird der Ski mit einem Gerät für Mittelspannung oder für die Spitzenaufbiegung über Nacht mit Wärme und Feuchtigkeit aufgespannt und so für die kommenden Wochen wieder flott gemacht.

Der Bedarf an Ski wird im Laufe der Zeit immer grösser. Heftis entscheiden sich, in einem Raum neben der Schreinerei ihren ersten Laden zu eröffnen. Dort steht Ski neben Ski, in verschiedenen Längen und mit verschiedenen Spannungen. Die Kunden fragen aber immer mehr auch nach Zubehör. Skibrillen, Mützen, Handschuhe und die handgenähten Molitor-Skischuhe aus Leder, zum Schnüren, kommen ins Sortiment. Der Beginn des Sportgeschäftes ist gemacht.

Bald stehen auch die ersten plastifizierten Lederschuhe im Regal. Diese Neuheit bringt es mit sich, dass der Lederschuh länger in der ursprünglichen Form bleibt und damit die Lebensdauer des Schuhs verlängert wird.

Ein eigenes Sportgeschäft

Hans Hefti und seine Frau Paula sind begeisterte Skifahrer. Wenn es die Zeit ermöglicht, geniessen sie zusammen ein paar Stunden auf den Ski. Auch ihre Kinder, Hans und Mary, haben das sportliche Gen mit auf ihren Lebensweg erhalten. Schon als kleine Kinder flitzen sie die Hänge hinunter und lassen sich von der Sportlichkeit ihrer Eltern anstecken.

Nach seiner Schulzeit absolviert Häsi die Schreinerlehre im elterlichen Betrieb in Luchsingen. In der Freizeit trainiert er, wie seine Schwester, fleissig, damit er für die Skirennen im Winter fit ist.

Sein Cousin Rolf Hefti, ebenfalls ein begeisterter Skifahrer, ist Technischer Angestellter in der Therma und trainiert die Schwander Ski-Renngruppe. Rolf erzählt Häsi von einer Lehrtochter der Therma, die regelmässig Ski fährt. So verabredet sich Häsi mit der jungen Ruth auf dem Cityplatz in Glarus für einen gemeinsamen Skitag.

Ruth wartet geduldig auf den Sportler, der mit einiger Verspätung eintrifft. Am Abend verabschiedet er sich mit den Worten «Mit diesen alten Holzlatten musst du aber in Zukunft nicht mehr mit mir zum Skifahren kommen.» Die Verliebtheit lässt sie auch darüber hinwegschauen und heiratet ihn ein paar Jahre später trotzdem.

Häsi sieht seine Zukunft im Sport. Er möchte ein eigenes Sportgeschäft eröffnen. Sein Cousin, Rolf, der spätere Trainer der Ski-Nationalmannschaft, ist ebenfalls begeistert von der Idee und unterstützt den jungen Häsi. Vorerst sind die Eltern nicht überzeugt von diesem Vorhaben. Als die Familie aber vernimmt, dass ein bereits bestehendes Sportgeschäft aus Glarus seine Fühler nach Schwanden ausstreckt, stimmen sie dem Vorhaben der Jungen zu.

Häsi schliesst am 10. November 1968 die Rekrutenschule ab und fährt direkt nach Schwanden an die Eröffnung von Hefti Sport. Der kleine Laden steht an der Ecke Hauptstrasse – Bahnhofstrasse, im gleichen Gebäude wie Messer Ferrari.

Hans und Paula Hefti-Zopfi in sportlicher Skimontour.

Im Winter finden viele Kunden den Weg in das neue Sportgeschäft zu Häsi Hefti. Im Sommer aber, wenn der junge Hefti in Luchsingen in der Schreinerei arbeitet, die Mutter im Laden in Schwanden steht, da fehlt die Kundschaft. Mutter Paula bezweifelt die Idee des Geschäftes, Häsi ist aber nach wie vor überzeugt.

Grösser und grösser
Ruth hat in der Zwischenzeit ihre kaufmännische Lehre abgeschlossen und sich in Chur in einem Sportgeschäft weitergebildet. Nun ist auch sie im Geschäft mit dabei und ein Jahr nach der Eröffnung mieten Heftis einen zweiten Raum, im hinteren Hausteil, dazu.
Bereits ein Jahr später mietet Hefti Sport auf der anderen Strassenseite einen Geschäftsraum, in dem nun ausschliesslich Ski und Skischuhe verkauft werden. Die Sportbekleidung, die von Ruth betreut wird, bleibt am alten Standort.

Ruth und Häsi mit den aktuellen Neuheiten, die sie in ihrem Laden in Schwanden präsentieren.

Als bekannt wird, dass neben der Brauerei Adler ein Neubau mit zwei Ladenlokalen entstehen soll, greifen Ruth und Häsi zu. Im Dezember 1971, nur gerade vier Jahre nach ihrer ersten Eröffnung, feiern sie Eröffnung im neuen, modernen Laden. Zu den Gästen gehört auch Marys Teamkollegin, die spätere Doppel-Olympia-Siegerin im Riesenslalom in Sapporo, Marie-Theres Nadig.

Mit im Team von Hefti Sport ist zu dieser Zeit bereits auch Walter Iten, ein treuer und verlässlicher Wegbegleiter über all die Jahre. Heftis bauen ihr Sortiment aus, Tennis-Artikel und Bikes kommen hinzu und immer mehr auch sportlich-elegante Kleidung für Damen und Herren. Aber immer sind Heftis bestrebt, jene Sportartikel im Angebot zu haben, deren Sportarten sie auch selber betreiben. So bleibt der Sport im Beruf und im Privaten immer ein fester Bestandteil ihres Lebens.

Fahren sie im Winter über die Pisten der Skigebiete im Glarnerland, merkt sich Häsi automatisch die Fahrstile der anderen Skifahrer. Und

Während Häsi den Aussenschuh präpariert, näht Ruth den Innenschuh passend.

steht dann einer von ihnen im Geschäft, weiss der Fachhändler bereits, wie der Kunde fährt, wo Schwächen und Stärken sind, und ist mit der Beratung immer kompetent.

Daneben entwickelt er sich immer mehr zum Spezialisten, wenn es um Skischuhe geht. Er passt Skischuhe so an, dass auch die zartesten Frauenfüsse nicht mehr schmerzen, Druckstellen entfallen und das Skifahren trotz engen, harten Skischuhen zum Spass wird. Wer einen wirklich passenden Skischuh möchte, fährt nun zu Häsi Hefti nach Schwanden, nimmt sich genügend Zeit und gleitet danach glücklich über die Skipisten.

Auf nach Glarus
1982 erneuern Heftis den Laden und passen sich den neuestens Trends an.

Ein Jahr später fragt Intersport an, ob Heftis Interesse haben, den ehemaligen Bernold-Sport in Glarus zu übernehmen. Hefti Sport tritt nun der Einkaufsgruppe Intersport bei und nimmt das Angebot an. Die langjährigen Mitarbeiter Walter Iten und Roswitha Schraner erhalten somit neue Aufgaben. Sie übernehmen die Filialleitung in Glarus, Ruth und Häsi bleiben im Geschäft in Schwanden.

Eine intensive Zeit beginnt. Die Ski werden jeweils am Abend nach Schwanden gebracht, die Bindungen abmontiert, die Ski geschliffen und aufbereitet, Bindungen aufmontiert und alles wieder nach Glarus gefahren. Noch fehlt nämlich eine Maschine in Glarus, die für diese Arbeiten eingesetzt werden könnte.

Hefti Sport ist auch in Braunwald präsent. In einer kleinen Boutique bieten sie Kleider an. Aber der Erfolg ist gering und so schliessen sie das Geschäft nach vier Jahren wieder.

Mit den beiden erfolgreichen Geschäften entwickelt sich die Kundschaft aus nah und fern. In der Zwischenzeit zählt das Unternehmen 14 Mitarbeiter. Neue Strukturen sind gefragt. Mit Walter Hofmann ist der geeignete Mitarbeiter gefunden. Mit seinen Ideen, Visionen und seinem organisatorischen Talent prägt er die kommenden zehn Jahre von Hefti Sport massgeblich.

Als Roswitha Schraner eine neue Herausforderung sucht, finden Heftis in ihrer ehemaligen Lehrtochter, Gaby Ronner, eine optimale

Nachfolgerin. Sie übernimmt am 1. Oktober 1990 die Filial-Leitung in Glarus.

Die Platzverhältnisse werden immer knapper und Heftis sehnen sich nach mehr Ladenfläche. Der nebenan frei werdende Raum, der durch die Schliessung des Soolerbogen entsteht, scheint ihnen aber doch zu gross. Trotzdem schauen sie sich die Räume bei Nacht und Nebel an. Nach kurzer Zeit und reiflicher Überlegung ist der Entschluss gefasst und damit eine von Hofmanns Visionen, nur noch ein einziges Geschäft und dafür an bester Lage zu führen, Realität.

Nach der Zusage bauen sie den gesamten Laden auf eigene Kosten um. Am 26. April 1996 ist Neueröffnung. Am darauffolgenden Landsgemeinde-Wochenende findet der Totalausverkauf im alten Lokal in Glarus statt, und in Schwanden schliessen die Türen ihres ersten Geschäfts.

Als der Besitzer des Hauses, Jacques Kamm, die Eröffnungsfeier verlässt, sagt er zu Häsi: «Ihr habt Las Vegas nach Glarus gebracht», dabei bezieht er sich auf die topmoderne, auffällige Beleuchtung des Ladens. Die Kundschaft freut sich über das neue, grosse Sportgeschäft in Glarus. Die sportlich-elegante Kleidung spricht ein grosses Publikum an und das Angebot in der Sportartikel-Abteilung begeistert Gross und

Aus Soolerbogen wird...

Hefti Sport.

Ruth und Häsi geniessen die Zeit, die sie nun mit viel Sport verbringen können.

Klein. Dank der Vergrösserung bleiben auch alle Mitarbeiterinnen und Mitarbeiter im Geschäft und die Kundschaft hat nach wie vor die gleichen Ansprechpersonen.

Eine erfolgreiche Geschichte geht zu Ende
Ohne es zu wissen, beginnt nun aber die letzte Runde in der Ära Hefti Sport. Häsi setzt sich zum Ziel, mit 60 Jahren in den Ruhestand zu gehen, dann sein Unternehmen weiterzugeben.
Bereits 2004 nimmt er sein gesamtes Personal zusammen und orientiert sie darüber, dass er die Nachfolgeregelung angeht. Das Staunen ist gross.

Die Zukunft
Eine Chance im eigenen Geschäft
hat heute nur noch, wer einen
unermüdlichen Einsatz an den Tag legt.

Auch bei Intersport spielt er mit offenen Karten. Sie sagen ihm Unterstützung bei der Suche nach einem Nachfolger zu. Ruth und Häsi wissen in der Zwischenzeit, dass sich Ochsner Sport den Kantonshauptort zum Ziel gemacht hat. Ein Umstand, der für einen Nachfolger das Überleben mit einem Sportgeschäft erschweren würde.
Nach verschiedenen Abklärungen kommen Ruth und Häsi zum Schluss, dass sie das Unternehmen an Ochsner Sport weitergeben. Weder von den insgesamt 30 Lehrlingen noch vom bestehenden Team möchte jemand diese Nachfolge antreten. Alle wissen um den grossen Einsatz, der geleistet werden müsste. Und dass Heftis Tochter nicht in ihre Fussstapfen treten möchte, darüber sind die Eltern nicht traurig. «So wären wir bis heute noch mit einem Fuss drin», sagt das sportliche Paar heute.
Mit einem weinenden und einem lachenden Auge kommt am 10. Februar 2007 der letzte Geschäftstag. Und schon vier Tage später feiern Heftis mit ihrem Team, Lieferanten, Freunden und Kunden die Höhlenparty. Höhlenparty deshalb, weil alles bereits ausgeräumt ist. Viele der treuen Kunden fragen sich nun, wo sie in Zukunft Kleider, Ski und all die anderen Sportartikel kaufen sollen. Aber Heftis sind zuversichtlich und freuen sich über die neu gewonnene Freiheit.
Als Häsi spät in der Nacht den Geschäftsschlüssel zum letzten Mal in das dafür vorgesehene Kästli legt, fühlt er sich gut.
Auf dem Heimweg aber, da geht ihm der Gedanke «Jetzt kommen die Kinder nicht mehr», durch den Kopf. Auch Ruth und Tochter Tanja denken unabhängig voneinander das Gleiche. Mit «Kinder» sind die treuen Angestellten gemeint, ohne deren grosse Unterstützung es in all diesen Jahren gar nicht gegangen wäre.

Herrenspezialgeschäft
Goggs

EIN HUT FÜR JEDE GELEGENHEIT

Goggs – Der schwarze Hut für feierliche Anlässe. Ein Bowler, oder eben ein Goggs, wie er im Glarnerland heisst.

Dieser Goggs würde auf einen Puppenkopf passen. Er misst lediglich rund 15 Zentimeter. Paul Rüegg hält ihn liebevoll in den Händen. Sein Vater, Otto Rüegg, hat ihn eigens für das Geschäft von Paul und Margrit Rüegg aus einem alten Hut selber hergestellt.

Dieser Goggs begleitete Paul Rüegg und seine Frau Margrit durch das halbe Leben. Der kleine Goggs ist da. Das Herrenspezialgeschäft Goggs ist Vergangenheit. Lebt nur noch in den Erinnerungen von Paul Rüegg und seinen vielen ehemaligen Kundinnen und Kunden. Im Sommer 1994 schloss sich die Ladentüre mit einem leisen «Bing» ein letztes Mal. «Es war eine Erleichterung.»

Vom Pelzkragen zur Herrenmütze
Ab 1919 verkauft Kaspar Blumer-Hefti am Rathausplatz Pelzwaren. Für die elegante, modische Dame gibt es den wärmenden Fuchs. In seinen gläsernen Knopfaugen spiegelt sich der blaue Himmel über Glarus, mittendrin der Glärnisch. Damit die Hände immer schön warm bleiben, hat Kaspar Blumer selbstverständlich auch den passenden Pelz-Muff. Und für den Herrn gibt es da die Pelzmütze und wärmende Handschuhe.

Mit dem Tod von Kaspar Blumer wird der Laden 1920 frei. Witwe Blumer möchte das Unternehmen nicht weiterführen.

In Bern lebt zu dieser Zeit Otto Rüegg bei seiner Stiefschwester. Otto hat bei seinem Schwager das Handwerk des Mützenmachens gelernt. Er vernimmt von seinem in Zürich lebenden Grossvater, dass in Glarus ein Ladenlokal zu mieten ist und entscheidet sich, die Chance zu packen und sich selbstständig zu machen. Zusammen mit seiner Frau Ida, eine geborene Villiger, zieht er ins Glarnerland und eröffnet das eigene Unternehmen «Otto Rüegg, Nachfolger von Kaspar Blumer».

Neben den Pelzwaren nimmt er seine Mützen, Hüte und anderen Kopfbedeckungen ins Sortiment. Das Geschäft floriert, Kopfbedeckungen gehören zum guten Ton und finden grossen Anklang bei den Glarner Herren. Kein Sonntagsanzug ohne den passenden Hut. Die Männer schätzen die Auswahl, das fundierte Wissen die Geschicklichkeit von Otto Rüegg. Passt er doch jeden Hut der Kopfform seines Trägers an.

Unterwäsche, die auch Frauen etwas bieten.   Ida Rüegg, natürlich mit Kopfbedeckung.

Er ist aber nicht das einzige Unternehmen in Glarus, das Hüte anbietet. Eine Modistin stellt am Kirchweg Damenhüte her und so beschränkt sich Otto Rüegg auf Kopfbedeckungen für Herren. Gerne würde er das Geschäft und damit das Haus am Rathausplatz käuflich erwerben. 35 000 Franken kostet es. Er kratzt sein ganzes Geld zusammen, findet Geldgeber – aber schlussendlich fehlen ihm 3000 Franken. Aus dem Kauf wird nichts.

Auf an die Bärengasse
Da ein Schneider in der Bärengasse sein Atelier aufgibt, entschliesst sich Otto Rüegg, dorthin zu ziehen. Er baut das Haus seinen Vorstellungen entsprechend um und eröffnet am 1. Dezember 1920 seinen eigenen Laden mitsamt Atelier. Ida Rüegg arbeitet zusammen mit der Angestellten, die ein Leben lang einfach Didi genannt wird, vornehmlich im Atelier, im hinteren Gebäudeteil. Die beiden Frauen nähen Hutbänder, Futterstreifen und passen Hüte auf die gewünschte Kopfgrösse an.

Otto und Ida Rüegg überlassen das Unternehmen der nächsten Generation.

Neben ihrer Arbeit im Atelier zieht Ida Rüegg-Villiger ihre drei Söhne, Hans, Paul und Röbi auf.

Vor allem Paul und Röbi geniessen die Freiheit, wenn Mutter mal einen Moment nicht auf sie aufpassen kann. Barfuss rennen sie durch Glarus und wissen manch eine Dummheit anzustellen. Wenn die beiden aber zu übermütig werden und allzu stark über die Stränge hauen, dann spricht der Vater ein Machtwort und verteilt Strafen. Was nichts anderes bedeutet, als dass Paul und Röbi hinter die Nähmaschinen im Atelier gesetzt werden. Jetzt heisst es, Futterstreifen nähen. «Und wehe, die Nähte sind nicht haargenau genäht!», droht Vater Rüegg. Die Buben ziehen ihre Köpfe ein und nähen still vor sich hin.

Die Futterstreifen werden schlussendlich in Militärmützen genäht. Auch die für die Glarner Sekundarschüler obligatorischen Kadettenmützen näht Otto Rüegg. Dafür kauft er lediglich den Mützenschirm ein, der Rest wird in seinem Atelier hergestellt.

Die Werbeplakate werden fein säuberlich von Hand gezeichnet.

Als die Hutmacherin aus Näfels stirbt, darf Rüegg auch die Mützen der Klosterschüler von Näfels herstellen. So packt Vater Rüegg regelmässig Hutschachteln mit diesen Mützen ein, schnürt sie auf seinen Solex und fährt damit nach Näfels. Auch Paul Rüegg kommt in den Genuss, mit Vaters Solex Schachteln auf dem Packträger ins Unterland zu fahren. Es macht Spass, den Wind um die Ohren pfeifen zu lassen. Eine Freiheit, die Paul geniesst.

Schmetterlinge im Bauch
Bevor der junge Paul die Sekundarschule in Glarus verlässt, wird er konfirmiert. Bereits im Konfirmanden-Unterricht fällt ihm eine Mitkonfirmandin auf. Küfer Heer hat eine hübsche und charmante Tochter. Margrit Heer, die nur gerade zwei Häuserreihen weiter südlich in Glarus aufgewachsen ist, und fast jeden Tag beim Mützenmacher vorbei zur Schule marschiert, löst bei Paul ein Kribbeln im Bauch aus.

Paul und Margrit Rüegg-Heer eröffnen am 14. November 1970 den Goggs an der Kirchstrasse in Glarus.

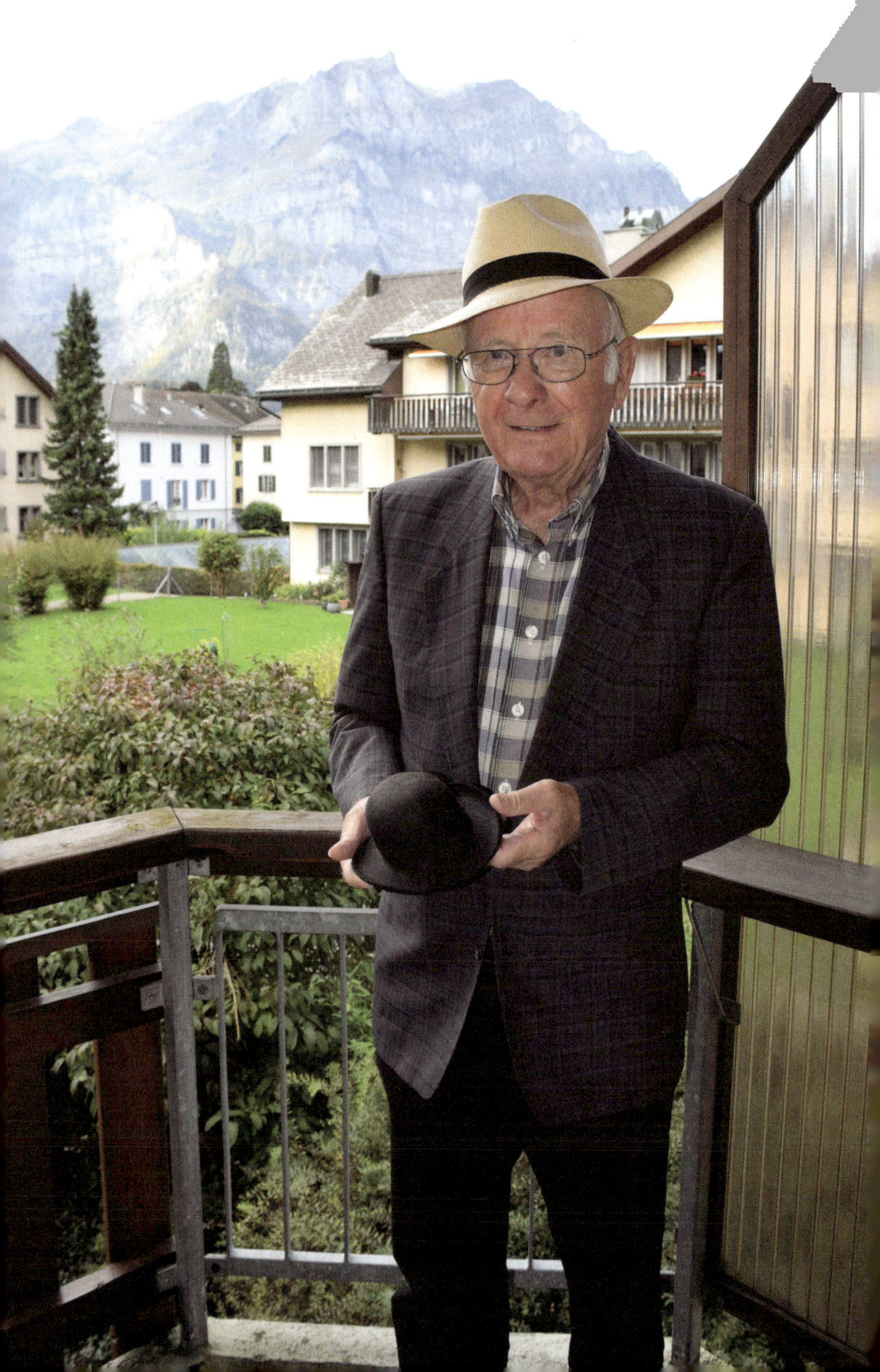

Im Konfirmanden-Unterricht wird etwas geliebäugelt, mehr nicht. Und dann, nach der Konfirmation, an dem alle Konfirmanden zum ersten Mal auf den Tanz gehen dürfen, tanzen die beiden im «Mariasee» in Weesen miteinander. Der Funke springt, die Schmetterlinge flattern – aber noch ist Zurückhaltung angesagt.

Der ältere Bruder, Hans, lernt in Bern Mützenmacher und kommt ins elterliche Unternehmen. Zwar floriert das Geschäft mit Kunden wie der Polizei, Bahn und Grenzwache, aber einen weiteren Mützenmacher kann der Vater nicht gebrauchen.

So absolviert Paul seine Lehre beim Optiker Leuzinger in Glarus als Feinmechaniker. «Vielleicht hab ich den Beruf erlernt, der eigentlich der Traum meines Vater Otto gewesen ist», sinniert heute Paul Rüegg. Sein Augapfel Margrit macht in Glarus, im Kaufhaus Schubiger, ihre Ausbildung zur Verkäuferin. Drei Jahre nach ihrem ersten Tanz sind die beiden Verliebten in der Allmeind in Glarus beim Skifahren. Und da passiert es – der erste Kuss. 1957 heiraten Paul und Margrit in Glarus und schon bald wird aus dem Paar eine Familie.

Während Paul wieder im Glarnerland arbeitet, finden sie in einem Einfamilienhaus in Mollis ein eigenes Zuhause.

Mit jedem beruflichen Aufstieg wird Paul unglücklicher. Der Tag kommt, an dem er seine Frau fragt: «Was würdest du sagen, wenn wir Vaters Geschäft übernehmen würden?» Margrits Augen strahlen: «Da bin ich sofort dabei.»

Das eigene Geschäft

Vater Rüegg ist bereits über 70 und gibt sein Unternehmen gerne ab. Rüegg Junior erwirbt am Kirchweg neben der Bijouterie Cattin das Geschäftshaus von der ehemaligen Modistin, Fräulein Manhart. Der Laden wird umgebaut und erhält ein Vordach, damit die Kunden auch bei Regenwetter im Trockenen stehen können, wenn sie die modischen Auslagen im Schaufenster betrachten wollen. Zu einem eigenen Geschäft gehört auch das eigene Logo. Pauls Cousin aus Bern ist kreativ und schlägt vor: «Wie wärs mit Göggs?». «Göggs nicht, aber Goggs», entscheiden Rüeggs.

Am Samstag, 14. November 1970 eröffnen Paul und Margrit Rüegg-Heer das Herrenspezialgeschäft Goggs. Vaters Sortiment wird erweitert mit

Herrenhemden, Pullovern, Socken und Unterwäsche. So steht denn in einem Inserat zur Eröffnung verheissungsvoll: «erstklassige Unterwäsche für jeden Mann! Was aber bietet sie Frauen?» Den Frauen wird versprochen, dass sie diese Unterwäsche siedend heiss waschen dürfen.
Die Pelzwaren aber, die kommen nicht in das Sortiment am Kirchweg, denn der Trend weg vom Pelz hat bereits eingesetzt.
Während die Freude über das neue Geschäft bei den Eltern überwiegt, sind die drei inzwischen halbwüchsigen Kinder nicht gleich glücklich. Ihre Augen werden gross, als sie das erste Mal das neue Heim in Glarus begutachten. Alt und gebraucht sind die Zimmer. Ihr Vater verspricht ihnen, dass sie dafür die Wände ihrer Zimmer bemalen dürfen. Bevor die Familie einzieht, kommt wenigstens eine Zentralheizung ins Haus, denn der Holzofen reicht nicht mehr aus. Auch die zukünftige Kundschaft wird ihre Hemden nicht im kalten, ungeheizten Verkaufslokal anprobieren wollen.
Neben den Kleidern bietet Goggs auch Nähmaschinen an. Paul Rüegg übernimmt die Vertretung von Singer-Nähmaschinen. Seine Ausbildung zum Feinmechaniker hilft ihm dabei enorm. Aber auch die unzähligen Strafstunden, damals in Vaters Atelier an der Bärengasse, fruchten jetzt. Sind die Ärmel der Hemden dem Kunden zu lang, versetzt Paul Rüegg die Manschetten höchstpersönlich selber. Ist ein Hemd zu weit, platziert er einen Einnäher, so als hätte das eine Schneiderin genäht. Goggs ist ein Begriff. So wird Paul Rüegg im Laden oft mit «Grüezi Herr Goggs», angesprochen, was ihn sichtlich stolz macht.

Das letzte «Bing»

Schnell findet sich eine breite Kundschaft im Goggs ein, die das modische Flair und das handwerkliche Geschick von Rüeggs zu schätzen weiss.
Als die letzte Modistin im Kanton ihr Handwerk aufgibt, stehen auch Damenhüte im Schaufenster. Als rote Damenhüte gross in Mode sind, stehen zwei Glarnerinnen im Goggs. Vor ihnen sind zwei rote, prächtige Hüte auf dem Ladentisch. Flink sagt die eine: «Also, wenn Sie diesen hier nicht nehmen, kaufe ich ihn.» Und schon ist der Handel perfekt. Die flinkere der beiden Damen hat ihren Hut. Die andere begnügt sich mit dem verbleibenden Kopfschmuck.

Damit die Hüte auch nach einem Regen in Form bleiben, nehmen sich Rüeggs immer die Zeit, jeden verkauften Hut zu imprägnieren. Eine Dienstleistung, die geschätzt wird. «Ich habe kürzlich einen Hut gesehen, der fürchterlich schlapp machte», erzählt eine Kundin im Laden, während sie auf die Imprägnierung wartet.

Nach Hunderten von Hüten, Hemden, Socken und Unterhosen spürt auch der Goggs die Mobilität. Auch die Glarnerinnen und Glarner kaufen immer häufiger im Versandhandel und ausserhalb des Kantons. Der Jahresumsatz sinkt drastisch. Das Geschäft verkaufen wollen sie nicht, denn eine Existenz bietet es nicht mehr.

So beschliessen Rüeggs ein Jahr vor ihrer Pensionierung, das Geschäft zu schliessen und sich dem Ruhestand zu widmen.

Die Zukunft
«Kleinere Geschäfte werden in Glarus weiterbestehen. Aber nur mit enormem Einsatz.»

Karl Kämpf

BESTICKTE HIRTEN-HEMDEN VON KÄMPF GLARUS

Karl und Bettina Kämpf-Rhyner beginnen mit dem Verkauf von selber bestickten Hirtenhemden. Ihr Sohn verkauft sie heute noch.

Der Laden an der Bärengasse 5 in Glarus ist nur noch auf Anfrage geöffnet. Ein zartes Klingeln ertönt, wenn die Kundschaft das Verkaufslokal betritt. In den Regalen liegen nach wie vor Edelweisshemden, Hirtenhemden, T-Shirts mit dem Fridolin und vieles mehr. «Es ist nicht mehr so viel da», sagt Karl Kämpf leicht resigniert. Er steht hinter dem Ladentisch und zeigt eines der letzten Hirtenhemden für Kinder, die er noch im Angebot hat. Etwas wehmütig faltet er es auseinander. Bunt heben sich die gestickten Blumen vom blauen Stoff ab. Bestickt wurden diese Blumen im eigenen Laden. Neue Hirthemden stellt Karl Kämpf aber nicht mehr her. Die Nachfrage ist zu gering. Auch das Sticken hat er aufgegeben. Schweren Herzens – wie er sagt.

Der Grundstein wird gelegt
Den Auftakt in der Geschichte des Unternehmens von Karl Kämpf macht sein Vater – ebenfalls ein Karl – im Jahr 1954.
Zuvor arbeitet er als gelernter Mechaniker in Brugg. Während des Militärdienstes lernt er einen Hauptmann kennen, der in der damaligen Therma in Schwanden arbeitet. Dieser Hauptmann vermag Kämpf zu begeistern, so dass er sich bei der Therma bewirbt, und nach der Zusage ins Glarner Hinterland zieht.

Karl Kämpf im Jahr 1939.

Bettina Kämpf-Rhyner beginnt mit dem Besticken von Hirtenhemden.

Bald lernt er die junge Bettina Rhyner aus Elm kennen. Die beiden beschliessen, ihren Weg gemeinsam zu gehen, und heiraten 1942. Im folgenden Jahr erblickt Sohn Karl das Licht dieser Welt, drei Jahre später Verena. Zuerst lebt die Familie in Sool, wo der kleine Karl fünf bis sieben Schafe betreut. Später ziehen sie in den Erlen in Schwanden.

Vater Kämpf ist nun als Reisender unterwegs. Er kauft Rohwolle ein, verkauft sie zusammen mit der eigenen Wolle an die Weberei und verkauft anschliessend die daraus gefertigte Strickwolle.

Seine beiden Kinder, Karl und Verena, besuchen die Schulen in Schwanden. Eines Tages beschliessen die Eltern, ihr eigenes Unternehmen aufzubauen. An der Kirchstrasse wird ein Ladenlokal frei und so greifen Kämpfs zu. 1954 eröffnen sie ihr erstes Geschäft. Im Angebot haben sie Wolle und Nähmaschinen der Marke Elna. Im Laufe der Zeit erweitern sie ihr Sortiment mit bäuerlichen Kleidern wie Hirtenhemden, Edelweisshemden oder den dicken, filzigen Herrenhosen, die zu dieser Zeit gerne draussen getragen werden. Mutter Bettina setzt sich regelmässig an die Nähmaschine, näht Hosen und Hemden und bestickt diese

Bettina und Karl Kämpf-Rhyner vor ihrem Geschäft in der Bärengasse.

Das Firmenlogo lädt seit vielen Jahren zum Einkauf in der Bärengasse.

Die Hirtenhemden sind bei der grossen und kleinen Kundschaft beliebt.

kunstvoll. Die ersten Hirtenhemden aus eigener Fabrikation entstehen und finden grosse Beliebtheit bei der bäuerlichen Kundschaft.
Nach seinem Schulabschluss lernt Karl Junior Nähmaschinenmechaniker und absolviert anschliessend die Rekrutenschule. Zu dieser Zeit kaufen die Eltern ein Haus in der Bärengasse. Der Laden an der Kirchstrasse wird geräumt und sie ziehen mit all ihrem Hab und Gut an die neue Adresse. Im Erdgeschoss befindet sich der Laden, in den oberen Etagen wird ein Nähbetrieb und eine Wohnung eingerichtet.
Zurück aus dem Militärdienst zieht es Karl Junior in die Fremde. Als in einer Nähmaschinenfachzeitung mittels eines Inserates ein Mechaniker nach Südafrika gesucht wird, meldet sich der junge Glarner. So reist er, nachdem er vom zukünftigen Arbeitgeber in Bern genaue Instruktionen erhalten hat, nach Südafrika.
Von Kloten geht es zuerst über den Kongo, dann nach East-London in Südafrika.
Als Erstes baut er in East-London die Langarm-Nähmaschine so zusammen, wie er es in Bern gelernt hat. Danach arbeitet er als rechte Hand des Betriebsleiters und beaufsichtigt die Frauen im grossen Nähsaal, wo sie an Nähmaschinen sitzen und den ganzen Tag lang nähen.

Der Junior übernimmt

Nach rund zwei Jahren zieht es Karl wieder in die Heimat zurück. Er möchte sich weiterbilden und fährt dazu nach Deutschland, wo er die Ausbildung zum Bekleidungstechniker für Herrenkleider abschliesst. Mit dem neuen Wissen nimmt er in Amriswil in einem grösseren Textilunternehmen, das täglich 500 Paar Herrenhosen herstellt, seine neue Stelle an.

An der Bärengasse in Glarus planen Karls Eltern ihren Ruhestand und hoffen darauf, dass ihr Sohn das Unternehmen weiterführt. So übernimmt er im Alter von 42 Jahren das gut florierende Geschäft. Die Eltern ziehen wieder ins Hinterland und überlassen das Haus ihrem Sohn. Wie bereits bei den Eltern arbeiten auch weiterhin Heimarbeiterinnen für Kämpf. Er schneidet die Stoffe für Hosen, Hemden und Hirtenhemden zu, bearbeitet sie mit der Overlok-Maschine und gibt sie an diese fleissigen Frauen für die Fertigstellung.

Karl Kempf mit seiner historischen Ladenkasse.

Auch die Stickereien werden auf diese Weise hergestellt. Zu Beginn sind es noch einfache, umgebaute Nähmaschinen mit Zick-Zack-Stich, mit denen die Blumen auf die Hemden gezaubert werden.

Im Laufe der Zeit hat das Haus aber eine Renovation nötig. So marschieren 1993 die Handwerker auf und der Neubau beginnt. Das Haus in der geschlossenen Reihe wird abgerissen und neu aufgebaut. Eine knifflige Aufgabe für die Handwerker, die diese Herausforderung aber gerne annehmen.

Am 6. Oktober 1993 ist in den Zeitungen zu lesen, dass der Neubau abgeschlossen ist und der Laden wieder in neuem Glanz erstrahlt.

999 Artikel

Zum Jubiläumsjahr «650 Jahre Land Glarus» bringt Karl Kämpf ein selber kreiertes Signet, das den Fridolin vor dem Schweizerkreuz zeigt. Das Logo stickt er auf Mützen, T-Shirts oder Pullover. Um effizient zu sticken, schafft er sich dafür extra eine Mehrkopf-Stickmaschine an.

Auch im neuen Laden sind neben den Kleidern auch Nähmaschinen zum Verkauf bereit. Nachdem die Marken Elna, Phoenix und Tourissa vom Markt verschwunden sind, bietet Kämpf jetzt die Maschine von Husqvarna an und repariert sie bei Bedarf auch fachgerecht.

Eine treue Kundschaft im Bereich der bäuerlichen Kleidung sind die Trachtenvereine und Jodelchöre. Ihnen kann Kämpf regelmässig die gestrickten Herrenjacken – bekannt als Büffel – verkaufen.

Die schnelllebige Zeit geht aber auch an der Bärengasse 5 nicht vorbei. Der Trend nach günstigen Kleidern bekommt auch Kämpf zu spüren. Die Hoffnung, dass der Folklore-Trend nochmals einen Aufschwung bringt, ist schnell begraben. Zu billig sind die Trachtenstücke, die im Internet oder im Ausland gekauft werden können.

Eine grosse Hoffnung setzt Karl Kämpf in eine Aktion, bei der er in einem Inserat für seinen Ausverkauf wirbt. Rückblickend sagt er, dass an jenen Tagen zwar sehr viel verkauft wurde, die Kundschaft es aber bei diesem einmaligen Kauf beliess.

So hat sich Karl Kämpf entschieden, seinen Laden nur noch auf Anfrage zu öffnen. Dafür schaltet er aber eine Internetseite, die für seine bestickten Hirtenhemden und anderen Kleidungsstücke wirbt. Dort ist zu lesen: «999 Artikel im Laden».

Kamm Textil

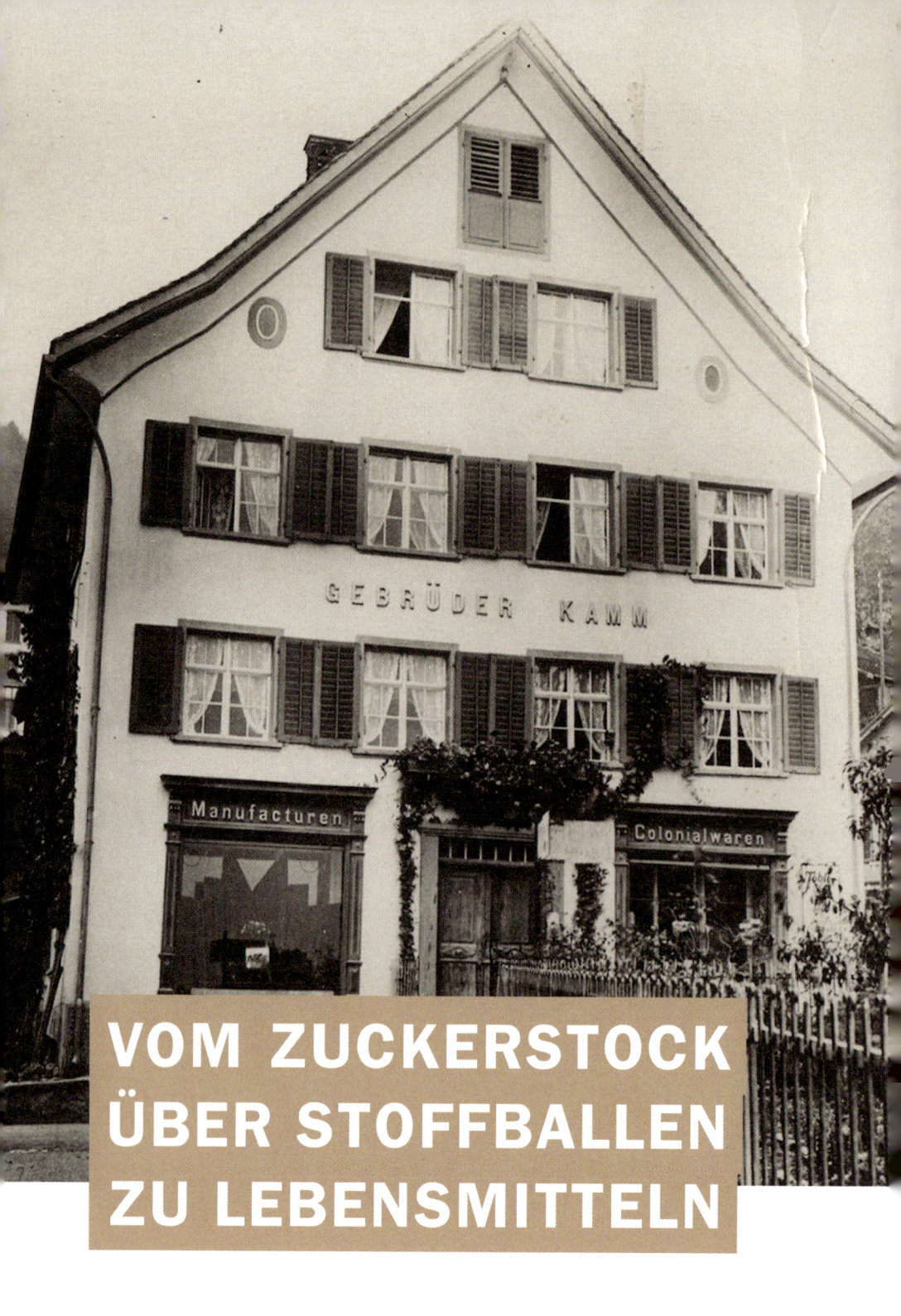

VOM ZUCKERSTOCK ÜBER STOFFBALLEN ZU LEBENSMITTELN

Kamm Textil in Mühlehorn gibt es längst nicht mehr. Angefangen hatte alles mit Jakob Kamm, der in Mühlehorn die erschöpften Pferde der Fuhrwerke auswechselte.

Den eigentlichen Grundstein für das Unternehmen Kamm Textil in Mühlehorn legt Rosina Kamm-Heussi, geboren 1805, Tochter des Schmieds Peter Heussi. Sie eröffnet einen kleinen Laden im sogenannten Küferhaus. Später betreibt sie dieses Geschäft neben dem Pfarrhaus. Durch ihre geschickte Art, ihre Sparsamkeit und den Holzhandel ihres Mannes bringt es die Familie zu etwas Reichtum. So kann das für damalige Zeiten stattliche Haus neben der Kirche gebaut werden.

Ende des 19. Jahrhunderts gibt es zwar einen Zug, aber noch keine Strasse, die Weesen und Mühlehorn dem See entlang verbindet. Die Fuhrwerke holpern über einen schmalen, manchmal unwegsamen Pfad. Windböen, die über den See fegen, lassen die Bäume oberhalb des Weges erzittern. Diese lockern Steine und nicht selten fallen sie auf den Weg. Pferde scheuen, der Fuhrhalter hat seine liebe Mühe, sein Gefährt auf dem Weg zu behalten. So kommt es regelmässig vor, dass Wagen samt Pferden in den See stürzen und kläglich ertrinken.

Der grösste Teil der Fuhrwerke kommt müde, aber heil in Mühlehorn an. Direkt neben der Kirche steht das Haus von Jakob Kamm. Bei ihm können die Fuhrhalter die Pferde auswechseln, um direkt weiterzureisen.

Über den Weg entlang des Walensees kommen auch die Zuckerstöcke und Salzfässer, die Jakob Kamm und seine Frau in ihrem kleinen Laden verkaufen, nach Mühlehorn. Das Holz, mit dem er zudem handelt, kommt mehrheitlich aus den umliegenden Wäldern und ist begehrt bei seiner Kundschaft.

Im Laufe der Zeit erweitert Jakob Kamm-Blumer zusammen mit seiner Frau Emma das Sortiment im Laden. Unzählige Stoffballen liegen in den Regalen, Knöpfe und diverse andere Posamenterien bietet er nun an. Sodass sich die Frauen im kleinen Seedorf mit allem eindecken können, was sie für ihre Nähstunden benötigen.

Jakob Kamms Sohn, ebenfalls ein Jakob, wächst neben seinen Geschwistern, Conrad, Rosina und Ernst, in Mühlehorn auf. Er ist ein aufgestellter, witziger junger Mann. Als er die junge Anna Zwicky aus Beglingen kennenlernt, will er sie ein wenig herausfordern. Da lange Röcke auch bei den jungen Frauen zum alltäglichen Leben gehören, kommt er auf eine Idee, wie er etwas mehr von Anna sehen könnte. Als Anna wieder einmal im Laden steht, steckt er schnell eine junge Katze ins Stoffregal, sodass seine Angebetete zwei Stufen auf der Treppe hinaufsteigen muss. Schnell erhascht Jakob einen kurzen Blick auf Annas Knöchel.

Getrennte Wege
Am 21. September 1891 heiraten die beiden in der Kirche neben dem Elternhaus in Mühlehorn. Amy Schwarzenbach-Kamm bestätigt heute, dass Anna Kamm-Zwicky die beste Grossmutter aller Zeiten war.

Zucker, Tee, Kaffee, Blumenvasen, Putzmittel – alles, was man zum Leben braucht, gibt es bei Kamm & Cie. in Mühlehorn.

Jakob Kamm-Zwicky arbeitet im elterlichen Unternehmen mit. Aber Jakob Senior und Jakob Junior sind sich nicht immer einig. Er schreibt dazu: «Mit dem Tode von Grossvater Jakob Kamm-Heussi, 1887, wurde das Glück für einige Jahres aus dem Haus getragen. Es wurde immer schwieriger mit Vater zusammenzuarbeiten.»

So entscheidet sich der junge Jakob zusammen mit seiner Frau eigene Wege zu gehen. Für 28 000 Franken kauft er das Restaurant «Rössli» in Murg und beginnt eine erfolgreiche Karriere als Wirt.

Im Geschäft in Mühlehorn arbeiten seine beiden Brüder Ernst und Conrad. Aber Conrad als Mechaniker hat zu wenig Freude und Kenntnis am Geschäft. Ernst ist noch etwas sehr jung und geht den Geschäften nur halbwegs nach.

Eines Tages schreibt die Mutter an ihren Sohn in Murg, dass die Geschäfte zu Hause nicht gut laufen. Sie bittet ihn, doch wieder nach Hause zu kommen. 1897 übernimmt er das Geschäft zusammen mit seinem Bruder Ernst. Das «Rössli» in Murg verkauft er an seinen

Jakob Kamm-Heussi, geboren 1799.

Emma und Jakob Kamm-Blumer führen das Unternehmen in der zweiten Generation.

Schwager Eustach. Mit Tränen in den Augen soll Jakob Kamm-Zwicky vom «Rössli» Abschied genommen haben. Dazu notierte er: «Das waren die schönsten drei Jahre meines Lebens.»

Sein grosses Engagement bringt es mit sich, dass er im Dörfli in Filzbach eine Filiale mit Stoffen eröffnet. Mehrere Vertreter reisen nun mit Stoffmustern in abgelegene Bündnertäler und bringen Aufträge nach Hause. Die Schneiderinnen lassen ihre fussbetriebenen Nähmaschinen schnurren und fertigen Mäntel, Jacken, Kleider, Blusen und Hemden nach Mass an. Das Geschäft floriert und Kamm & Cie. ist Stolz auf seinen guten Namen.

Schwierigkeiten im Mehrgenerationenhaus

Neben der vielen Arbeit findet auch ein erfülltes Familienleben statt. Im Haus neben der Kirche leben in der Zwischenzeit drei Generationen. Jakob und Anna haben einen Sohn und drei Töchter: Felix, Emmi, Marie und Margreth. Der Stammhalter ist Vaters Augenstern. Wenngleich er

Im Juli 1934 ist die gesamte Belegschaft bereit für den Firmenausflug. Auch die älteste Generation (vorne rechts) fährt mit.

nach mehreren Generationen der Erste ist, der nicht Jakob heisst. Die lange Reihe der Jakob Kamms scheint hier ein Ende zu nehmen.

Alle vier Kinder besuchen nach ihrer Schulzeit in Mühlehorn ein Institut und lernen fürs Berufs- und Familienleben. Felix und Margreth finden später Arbeit im elterlichen Geschäft.

Als eines Tages das Textilgeschäft Soolerbogen in Glarus zum Verkauf ausgeschrieben ist, entscheidet sich Felix, dieses Geschäft zu übernehmen. «Eine Filiale im Kantonshauptort – das ist perfekt», ist er der Überzeugung. Die Entscheidung entpuppt sich als guter Schritt. Das Geschäft floriert und bald löst sich Felix von Kamm & Cie. in Mühlehorn und macht sich in Glarus selbstständig. Sein Vater ist über diesen Schritt nicht sehr glücklich, muss die bittere Pille aber schlucken.

Seine Tochter Margreth arbeitet fleissig im Geschäft mit. Bei einer Busfahrt nach Filzbach fällt ihr der Postauto-Chauffeur mit dem gleichen Namen wie ihr Vater, Jakob Kamm, auf. Mehrmals fährt sie mit ihm im Bus mit. Die beiden verlieben sich. Als Margreth ihre grosse Liebe

Jakob und Anna Kamm-Kamm mit ihren drei Töchtern und vier Söhnen (2. von links ist Willi; hinten, 2. von rechts: Amy Schwarzenbach-Kamm).

Stoffe in den Regalen, Posamenter in der Theke und rechts auf der Theke liegen Pakete mit Stoffen für den Versand bereit.

ihrem Vater vorstellt, ist dieser nicht sehr erfreut darüber. Ein Postauto-Chauffeur und Bauer. Vater Jakob hätte lieber einen Bankier zum Schwiegersohn gehabt. Aber er sieht, dass die beiden sich gern haben, und gibt die Zustimmung zur Ehe.
Und dabei führt die Reihe der Jakobs auch wieder nahtlos weiter.

Die engagierte Tochter
Auch die dritte Generation lebt im elterlichen Haus. Bald wird aus dem Ehepaar Kamm-Kamm eine Familie. Annemarie (Amy), Elisabeth und Emma machen das Familienglück fast perfekt. Jakob wünscht sich aber noch Buben. Auch dieser Wunsch geht in Erfüllung. Margreth schenkt ihm mit Alfred-Jakob, Erich, Urs und Willi, dem späteren Regierungsrat, noch vier gesunde Buben.
Die Kinder füllen Haus und Laden mit Leben. Der Raum wird eng, aber die Grossfamilie hält zusammen und arrangiert sich. Die Kinder helfen in ihrer Freizeit tatkräftig mit. So muss Amy während des Zweiten Weltkrieges jeweils die von der Grossmutter Emma Kamm-Blumer vollgeklebten Lebensmittelkarten zum Dorfpolizisten bringen. Dieser

gibt ihr dafür Mahlzeitencoupons, welche dann schlussendlich den Lieferanten abgegeben werden. Auch die Tiere, die hinter dem Haus in der Wiese weiden, werden von den Kindern pflichtbewusst versorgt.

Nach wie vor ist im Laden alles zu kaufen, was man zum Leben braucht. Das kleine Warenhaus ist gefüllt mit Lebensmitteln und Stoffen. Nebenbei röstet die Grossmutter auch noch den Kaffee für den Verkauf selber. Regelmässig gehen Auswahlsendungen mit Kleidern an die Kundschaft. Und oft erleben Kamms, dass der schwarze Mantel für den Sonntagsgottesdienst getragen wurde, aber dann zurückgeschickt wird. Das vergessene Taschentuch in der Manteltasche zeugt davon.

Alle sieben Kinder von Jakob und Margreth gehen in Mühlehorn zur Schule und kommen anschliessend, wie ihre Eltern schon, in ein Internat.

Die kleine Amy ist von klein auf eine kleine Rebellin. Sie wehrt sich und entwickelt ihren eigenen Kopf. So ist es nicht verwunderlich, dass sie ihre Lehre abbricht. Sie wird krank und ihre Mutter besucht mit ihr den Hausarzt. Dieser spricht Klartext: «Lassen Sie das Mädchen machen, was es will, und sie ist wieder gesund.»

Ami Schwarzenbach-Kamm führt das Geschäft in Mühlehorn in der vierten Generation.

Als sie danach ihre Ausbildung zur Ernährungsberaterin in der Uniklinik in Zürich erfolgreich abschliesst, arbeitet sie an verschiedenen Spitälern und findet Spass an ihrem Beruf. Sie möchte aber noch etwas die Welt entdecken. So fährt sie nach London und arbeitet während 14 Monaten als Nanny. Um schnell Englisch zu lernen, setzt sie sich drei- bis viermal in der Woche ins Kino und schaut sich die gleichen Filme mehrmals an. Im Nu spricht sie perfekt Englisch.
1954 kehrt sie in die Schweiz zurück und tritt ins elterliche Unternehmen ein. «Das nächste Generationenproblem begann damit», erzählt Amy Schwarzenbach-Kamm rückblickend. Ihre Erfahrungen in der Fremde bringen es mit sich, dass sie den Laden ausmistet und auf den neuesten Stand bringt. Vater Jakob ist erbost, lässt seine engagierte Tochter aber schalten und walten, denn er sieht, dass sie ein geschicktes Händchen fürs Geschäft hat.

Die fünfte Generation
Als der landwirtschaftliche Experte Hugo Schwarzenbach in Kamms Laden tritt, klopft Amys Herz höher. Schwarzenbach verlangt nach dem Vater. «Er ist nicht da», flunkert Amy. Denn so muss der gutaussehende Mann wieder kommen. Auch beim nächsten Besuch bittet sie ihn, wieder zu kommen, weil der Vater angeblich nicht da sei.
Das Spiel fliegt auf, die beiden werden ein Paar und drei Monate später geben sie sich auf dem Hirzel das Ja-Wort. Weil Hugo in Zürich arbeitet, leben sie zu Beginn ihrer Ehe in der Nähe von Zürich. Später ziehen sie ins Haus der Eltern und Grosseltern, denn der Grossvater hat auf der Terrasse aufgestockt und damit mehr Wohnraum geschaffen.
1964 stirbt Amys Vater. Mit der Unterstützung ihrer Schwester Elisabeth und ihrem Bruder Willi übernimmt sie das elterliche Geschäft.
Mit dem Bau der Walenseestrasse kommt nochmals viel Leben ins Dorf. Die Zeit der reisenden Verkäufer aber geht langsam zu Ende. Einer um den anderen wird pensioniert. Während Amy als kleines Mädchen mit dem mit Kleiderschachteln gefüllten Leiterwagen zur Post marschierte, kaufen die Leute nun lieber direkt in den Läden ein. Die Stoffballen verschwinden aus den Regalen, die Lebensmittel bleiben aber weiterhin in der Auslage. Der Verdienst mit diesen ist aber nicht überwältigend. Zu viele Leute gehen mit dem Gedanken «Der

Herr sei mit dir – und du kommst zu mir», durch den Laden. Das eine oder andere verschwindet in den Taschen und schmälert die Tageseinnahmen.

Als Amy Mutter von zwei Kindern wird, arbeitet sie weiter im Laden und führt das Geschäft. Sohn Harry leidet an der unheilbaren Krankheit Mucoviscidose. Keine Nacht, in der Amy nicht an seinem Bett sitzt, tröstet und seine Schmerzen lindert. Im Alter von zehn Jahren stirbt Harry. Hugo und Amy bleibt zum Glück die siebenjährige Tochter.

Rund zwei Jahre später beschliesst Amy, den Laden Kamm & Cie. aufzugeben und im Geschäft ihres Mannes einzusteigen. Sie findet einen Nachmieter und freut sich an der neuen, verantwortungsvollen Arbeit. Als sie eines Sonntags gemeinsam oberhalb von Mühlehorn, im Bödeli, spazieren gehen, sagt sie zu ihrem Mann: «Hier ist es wunderschön.» Hugo Schwarzenbach gefällt es auch und tags darauf kauft er den Boden, um ein eigenes Haus darauf zu bauen. 1974 ziehen sie dort ein und kehren dem Haus bei der Kirche in Mühlehorn den Rücken – nicht aber den Geschwistern Kamm.

Ihr Bruder Willy ist fortan bestrebt, den kleinen, vielseitigen Laden im Dorf zu erhalten. Er lebt mit seiner Familie in den oberen Geschossen und vermietet das Lokal. So finden die Mühlehorner mehrere Jahre lang noch frisches Gemüse, Brot und alles, was sie zum Leben brauchen. Das sich ändernde Verkaufsverhalten bringt es aber doch mit sich, dass der Laden schliessen muss. Mit Gemüse wird heute nicht mehr gehandelt, im weissen Haus gegenüber der Kirche, dafür hat sich darin eine IT-Firma niedergelassen.

Kaufhaus Schubiger

AUS DEM BAZAR WIRD EIN KAUFHAUS

Eines der ältesten, noch existierenden Ladengeschäfte von Näfels steht mitten im Dorfzentrum. Seit bald 150 Jahren eine beliebte Adresse – das Kaufhaus Schubiger.

Lebensmittel und Haushaltgeräte sind längst verschwunden. Das Sortiment im Kaufhaus Schubiger hat sich in den vergangenen 145 Jahren stark verändert, die Auswahl ist aber nach wie vor riesig. Wo einst Reis, Teigwaren und Kaffee in offenen Schubladen lagerten, Geschirr und Mercerie angeboten wurden, stehen heute moderne Schul-

Rucksäcke, Unterwäsche, Papeterie-Artikel und unzählige Spielwaren in den Regalen. Und für alle Fasnächtler ist der einstige Bazar die erste Adresse – denn Hans Schubiger-Landolt liebt die fünfte Jahreszeit sehr.

Der Beginn
Den Grundstein für das heutige Kaufhaus legen Gallus und Anna Maria Schubiger-Fischli, als sie das Wohnhaus mit der Wirtschaft «Zum Alten Frohsinn» kaufen und 1883 darin einen Bazar eröffnen. Der Begriff «Bazar» ist zu dieser Zeit geläufig und steht für Geschäfte mit einem breiten Sortiment, das alles abdeckt, was man zum Leben braucht. Ausser Salz, das wird in den Salzwaagen verkauft, die dafür ein eigentliches Monopol besitzen.
Während acht Jahren führt Gallus neben dem Bazar auch das Gasthaus «Zum Adler».

Zu Beginn des 20. Jahrhunderts: von links: Freulerpalast, Julius Müller, Café Möhrli, Caspar Hauser, Gasthaus Brauerei, Höfli, Schwert, Kaufhaus Schubiger.

1897 kauft er von Apotheker Franz-Spörri-Peter das Hotel «Schwert» mitsamt grosszügigem Garten. Sein Ziel besteht aber nicht darin, eine grössere Wirtschaft mit Hotel zu führen. Er liebäugelt vor allem mit dem Garten. Dort sieht er die Möglichkeit, sein eigenes Geschäft zu bauen und damit sein Sortiment im Laden zu vergrössern.

Im ersten Jahr des neuen Jahrhunderts fallen die Bäume im Garten des Hotels «Schwert» und ein neuer Ziegelbau mit Flachdach entsteht. Links und rechts der Eingangstüre gibt es je zwei grosse Schaufenster, über dem Eingang prangt der Name Schubiger in grossen Buchstaben. Ein metallener Zierzaun umrahmt das Dach, das nur für die Fasnachtszeit genutzt wird, ansonsten bleibt es leer.

Nicht alle Nachbarn sind glücklich über den Neubau und so verlangen sie von Gallus Schubiger Bares wegen «Sonnenentzug».

Am 10. Oktober 1901 verkauft Schubiger das «Schwert» wieder, denn der neue Laden steht.

Im ehemaligen Garten des Hotels «Schwert» präsentiert sich das Kaufhaus Schubiger im September 1904.

1904 geht das Geschäft an Gallus' Sohn, den 25-jährigen Johannes und seine gerade mal 20-jährige Frau Melanie Schubiger-Aebli. Über dem Geschäft steht nun «J. Schubiger» zu lesen. Das Sortiment beinhaltet nun auch Mieder und andere Unterwäsche.

Kriegszeiten
Johannes Schubiger-Aebli stirbt im Alter von 61 Jahren völlig unverhofft. Sein Sohn Johann ist zu dieser Zeit im Aktivdienst und so führt die Witwe vorerst den Laden. Als der Sohn vom Militärdienst heimkehrt, übernimmt er das Geschäft zusammen mit seiner Frau Gertrud Schubiger-Nann. Schwierige Zeiten herrschen, und die Kundschaft kauft nur noch das Nötigste ein. Bezahlt wird mit den Lebensmittelmarken und wer diese schon aufgebraucht hat, der lässt anschreiben.

Dieses prächtige Gebäude wird nicht realisiert, wirft aber viele Fragen auf.

Hans Schubiger-Landolt erinnert sich noch heute an das grosse Kommissionenbuch. «Darin wurde jeder Betrag aufgeschrieben. Aber nicht immer konnte Ende des Monats alles bezahlt werden.»

Nach wie vor gibt es Lebensmittel bei Schubigers zu kaufen. Die Eier kommen jeden Tag frisch von einem Hof in Mollis. Jedes einzelne wird durchleuchtet, denn befruchtete Eier will niemand kaufen.

Im Keller stehen Petroleum-Fässer, die als Pflichtlager angelegt werden müssen.

Das Familienleben der Schubigers spielt sich im Wohnhaus an der Bahnhofstrasse ab, wo sich auch das Lager des Geschäfts befindet. 1942 kommt Hans zur Welt, 1945 Trudi und 1948 Irene. Sie erleben eine unbeschwerte Kindheit, im Laden mithelfen müssen sie nicht oft, denn die Schulzeiten füllen den Tagesablauf der Kinder aus.

Hans und Trudi absolvieren die kaufmännische Lehre, Irene die Kunstgewerbeschule.

Johann Schubiger-Nann.

1949 ist genügend Platz für grosszügige Parkplätze.

Die Überraschung

Zu Beginn der 50er-Jahre bringt der Pöstler eines Tages Gertrud und Johann Schubiger-Nann ein kleines Paket. Beim Auspacken kommt ein Bild zum Vorschein. Im Brief dazu steht, dass Architekt Mossdorf aus Bern gestorben ist und in seinem Nachlass dieses Bild gefunden wurde.

Das Staunen ist gross bei Schubigers. Ein wunderschönes Wohnhaus mit einem Laden im Erdgeschoss ist auf dem Bild zu sehen. Direkt neben dem jetzigen Laden.

Nun steht die Frage im Raum: «Können wir das noch realisieren?» Nachforschungen werden angestellt und dabei kommen auch alte Verträge zum Vorschein. Da zu der Zeit, als das Projekt erstellt wurde, noch kein Grundbuchamt bestand, erhalten Schubigers eine Absage. Betrübt nehmen sie dies vorerst hin. Vergessen können sie die Idee dieses prächtigen Baus aber bis heute nicht.

Vergessen kann Hans auch bis heute die Bilder nicht, die sich beim Hochwasser 1953 in seinem Gedächtnis eingeprägt haben. «Die Rauti überschwemmt das ganze Dorf. Wie ein Bach strömt das Wasser durch Näfels.» Die Türen werden mit Brettern verbarrikadiert, und damit das Wasser nicht durchsickern kann, wird Mist zwischen die Holzbretter gepresst. Als das Wasser immer weiter steigt, sprengen die Verantwortlichen den Damm. Die Lage in Näfels entspannt sich, dafür fliesst das Wasser jetzt nach Oberurnen.

Geschäft und Politik

Nach seiner Ausbildung bei Bossard Stahlbau zieht es Hans hinaus aus dem Kanton. Während zehn Jahren arbeitet er im Wallis für die Baufirma Zschokke. 1971 wird die Niederlassung im Wallis aufgelöst und glücklicherweise in Näfels eine Stelle in der gleichen Firma frei. Hans kehrt wieder in die heimatlichen Gefilde zurück.
Ins elterliche Unternehmen möchte er vorerst nicht einsteigen. Trotzdem beobachtet er, wie sich das Kaufverhalten der Leute immer mehr verändert. Die Lebensmittel sind längst nicht mehr im Angebot. Das Spielwarensortiment wird immer grösser und nimmt mehr Platz ein. Als Vater Johann an eine Übergabe denkt, entschliesst sich Hans, das Geschäft zu übernehmen und auf eigene Kosten zu vergrössern.
Da aber nicht in die Höhe gebaut werden kann, geht er in die Tiefe und baut zusätzlich an. Die Wiese wird geopfert und es entsteht ein Anbau, der Anfang September 1982 feierlich eröffnet wird.
Nun führen Hans und seine Frau Rosmarie das Geschäft in der vierten Generation. Vater Johann ist im Hintergrund noch aktiv und unterstützt das junge Paar, das in der Zwischenzeit nun auch zwei Kinder hat.
Hans und Yvonne wachsen ebenfalls im Haus an der Bahnhofstrasse auf. In der Freizeit geniessen sie das Paradies im Untergeschoss des Kaufhauses. Spielwaren, wo sie nur hinschauen können.
Beide wählen den gleichen Beruf wie der Vater und schon in seiner Kindheit befasste sich Hans junior mit dem Gedanken, dereinst ins elterliche Geschäft einzusteigen. Vorerst will er aber eigene Erfahrungen sammeln. Er organisiert die unterschiedlichsten Grossanlässe im und ausserhalb des Kantons.

Mit Hans und Hans Schubiger ist die vierte und fünfte Generation im Geschäft.

Als Vater Hans die Nachfolgeregelung anspricht, sagt ihm sein Sohn, dass er nur einsteigt, wenn er nebenbei noch Zeit für andere Aktivitäten hat. Hans Schubiger-Landolt sieht dem mit gemischten Gefühlen entgegen und der Junior bleibt vorerst ausserhalb des Familienunternehmens im Berufsleben. Nach mehrmaligen Diskussionen kommt er aber doch zum Schluss, dass er die Leitung des Kaufhauses übernehmen möchte. Am 1. Januar 2014 übernimmt er das Geschäft.
Trotz geschäftlicher Belastung bleibt ihm aber nach wie vor genügend Zeit, um in der Politik aktiv zu sein.

Kundert Textil

GEMÜSE, FRÜCHTE, BARGELD UND TEXTILIEN

Gemüse, Obst, Kleider und auch Bargeld waren in den verschiedenen Räumlichkeiten von Kunderts in Schwanden zu haben. Aber die vielseitige Palette reichte doch nicht fürs Überleben.

In den ersten Jahren des 20. Jahrhunderts geht die Ära der mit Pferden gezogenen Sernftalbahn zu Ende. Fuhrhalter Tschudy aus Schwanden muss seine Pferde der Armee zur Verfügung stellen. Der Erste Weltkrieg fordert damit auch im Glarnerland seinen Tribut.

Wer also in Schwanden aussteigt und rechts am «Schwanderhof» entlang geht, der kommt zum Lebensmittelgeschäft von Blumers. Ein paar Schritte weiter, links um die Ecke, ist das Textilgeschäft von Zopfi-Hösli & Sohn, mit einem grossen Angebot an Kleidern, Unterwäsche und Posamentern.

Der Erste Weltkrieg ist vorbei, die Schweiz erholt sich von dieser beängstigenden Zeit, als am 24. März 1921 Markus Kundert, der Gründer dieser Geschichte, das Licht der Welt erblickt. Markus wächst mit seiner Familie in Schwanden auf. Er wird Kaufmann bei der Textilfirma Legler in Diesbach und arbeitet anschliessend bei der Therma in Schwanden, die Haushaltgeräte herstellt.

Ein Onkel von Markus ist Haus-Schreiner im erstklassigen Hotel «Baur au Lac» in Lausanne. Gegen das Heimweh tritt Onkel Fritz dem Glarner Verein in Lausanne bei. Als Markus für seinen Arbeitgeber in Lausanne weilt, nimmt Onkel Fritz den jungen Glarner mit an einen der Glarner Abende.

Die Liebe in der Westschweiz

Ebenfalls zu Beginn des 20. Jahrhunderts ist ein junger Kunstschmied aus dem Glarnerland im Berner Jura unterwegs. Seine Wanderjahre haben ihn in die Westschweiz nach Reconvillier geführt. Mit Nachnamen heisst auch er Kundert. Und auch er ist im Glarner Verein in Lausanne ein regelmässiger, gern gesehener Gast. Kunstschmied Kundert lebt mit seiner Frau Claudine und den Kindern in Reconvillier. Und als

Der erste Laden von Kunderts entsteht an der Bahnhofstrasse.

Claudine und Markus Kundert heiraten in Schwanden.

er eines Tages seine Tochter, sie trägt den gleichen Namen wie die Mutter, Claudine, an einen der Glarner Abende mitnimmt, ahnt er noch nicht, dass dieser Abend seine hübsche Tochter in naher Zukunft zurück ins Glarnerland führen wird.
Claudine Kundert und Markus Kundert lernen sich an diesem Abend kennen. Sie treffen sich regelmässig und dabei entsteht eine grosse Liebe. Erst später erzählt Claudine ihrem Geliebten, dass sie vor längerer Zeit im Schaufenster eines Fotografen in Lausanne ein Bild eines hübschen jungen Mannes gesehen hat und dabei dachte: «Der gefiele mir auch noch.» Der Zufall wollte es, dass es das Porträt von Markus war.
Markus arbeitet zu dieser Zeit für die Therma in Lausanne. Claudine hat die Ausbildung zur Verkäuferin gemacht und arbeitet à la coope in Lausanne.

Im Laufe der Zeit zieht es den jungen Glarner aber zurück ins Glarnerland. Wie gern würde Claudine mit ihm gehen. Da die beiden noch nicht verheiratet sind, hat Vater Kundert, der Kunstschmied, das letzte Wort. «Wenn du für sie eine Stelle im Glarnerland findest, wo sie mehr verdient als hier, kannst du sie mitnehmen», erklärt Claudines Vater. Schnell macht sich Markus auf Stellensuche und wird im Coop im Iseli-Haus in Glarus fündig.

Im Glarnerland ein Zuhause gefunden
Nun ziehen die beiden nach Glarus. Rund um die Schweiz tobt der Zweite Weltkrieg. Markus ist im Aktivdienst. Zu Hause in Glarus arbeiten die Frauen streng. Da stehen unter anderem gefüllte Sauerkraut-Fässer im Keller. Und als eines Tages der Gärprozess schon fast beendet ist, löst das überlaufende Wasser bei Claudine einen Schreck aus. «Rösli, Rösli, das Suurkrut weint», ruft sie der Mitarbeiterin Rösli Stüssi zu. Diese weiss die junge Frau mit dem charmanten Westschweizer

Das neue Geschäft mit grossen Schaufenstern.

Akzent zu beruhigen und erklärt ihr, dass nun der Gärungsprozess des Sauerkrauts abgeschlossen ist und es deshalb überschäumt.

Als Markus 1945 aus dem Militärdienst entlassen wird, heiraten die beiden in Schwanden und feiern ihr Glück im Restaurant Linthhof. In der Zwischenzeit sind sie ins Rothaus beim Kreuzplatz in Schwanden gezogen. Bald wird die Familie grösser, die erste Tochter, Claudine, kommt auf die Welt.

Zwei Jahre später wird bekannt, dass Blumers ihr Lebensmittelgeschäft an der Bahnhofstrasse 27 altershalber auflösen. Markus sieht darin seine Zukunft und erwirbt das Geschäft umgehend. Nun zieht die Familie in die oberen Etagen des Ladens und Claudine führt im Erdgeschoss das Lebensmittelgeschäft. Ganze 57 Franken Wechselgeld waren bei Türöffnung in der Kasse.

1948 bringt die zweite Tochter, Béatrice und drei Jahre später Monique noch mehr Leben in die oberen Geschosse des Lebensmittelgeschäftes. Ihr Vater arbeitet nun wieder bei seinem ehemaligen Lehrmeister in Diesbach und ist als Reisender für schönste Bettwäsche und andere Textilien unterwegs. Sein Beruf bringt ihn nun auch oft ins italienische Ponte San Pietro, wo Legler eine Zweigniederlassung führt.

Auch Claudine nimmt am Berufsleben von Markus teil. Ihr grosses Flair fürs Malen und Nähen bringt sie dazu, Muster für Bettwäsche zu zeichnen. «Und sie entwickelte den Couvertverschluss für Kopfkissen», erinnern sich die beiden Töchter Béatrice und Monique heute.

Das Geschäft wird grösser

Als 1961 die Agentur der Glarner Kantonalbank umgebaut wird, kommt diese in das Lokal von Kundert Delikatessen. Nun führt Markus die Bankfiliale. So kommt es, dass der mittleren Tochter regelmässig ein Umschlag mit Tausender-Noten anvertraut wird, den sie zur Post bringen muss.

Als eines Tages die ehemalige Coop-Mitarbeiterin von Claudine, Rösli Stüssi, vor der Türe steht, und offenbart, dass ihr gekündigt wurde, nimmt Claudine sie mit offenen Armen auf und engagiert sie auch gleich im Laden. Zudem wird sie auch in der kleinen Wohnung über dem Laden aufgenommen. Kisten und Koffer stapeln sich im Treppenhaus. Aber niemand stört sich daran. Man richtet sich ein.

Kundert Textil ist auch an der Gewerbe-Ausstellung in Schwanden vertreten.

Drei Jahre später soll Markus Kundert in Zürich eine Filiale der Glarner Kantonalbank übernehmen. Dies würde bedeuten, dass die ganze Familie nach Zürich umzieht. Aber weder Ehefrau noch die drei Töchter können sich ein Leben in Zürich vorstellen und bewegen Markus dazu, dieses Angebot auszuschlagen.
Der Zufall meint es gut mit Kunderts. Das Textilgeschäft von Zopfi-Hösli & Sohn wird altershalber aufgegeben und steht zum Verkauf. Markus greift zu und so wird am 1. September 1964 zur Eröffnung eingeladen. Zur Entlastung übernimmt Rösli Stüssi das Lebensmittelgeschäft an der Bahnhofstrasse.
Tochter Béatrice beginnt im gleichen Jahr ihre Lehre im elterlichen Betrieb. Sie bezeichnet sich heute als Mädchen für alles. So läuft sie am frühen Morgen zur Bäckerei und holt das frische Brot für das Lebensmittelgeschäft. Ein Balance-Akt bildet jeweils der Freitagmorgen für sie. Mit einer Hand zieht sie den Anhänger, der mit Brot beladen ist. In der anderen Hand trägt sie die Schachtel mit der freitäglichen Wähe. Und so kommt es, wie es kommen muss – beim Bahnübergang wird

alles zu viel. Das Brot kullert auf den Boden, die Wähenschachtel hinterher. Schnell räumt sie alles wieder ein und rennt an die Bahnhofstrasse. Niemand hat etwas gemerkt. Nur die Wähenstücke sehen an diesem Freitag etwas anders aus.

Nach dem Gang zum Beck marschiert Béatrice jeweils zur Post, um anschliessend im Lebensmittelgeschäft oder je nach Bedarf im Textil mitzuhelfen.

Der Laden auf der Insel

Und dann kommt das Jahr 1968, das Markus Kundert später wie folgt bezeichnet: «Das Leben ist wie eine Glarner Pastete. Süss und sauer liegen nah beieinander.» Zu Beginn dieses bewegten Jahres kann er den Hausteil direkt neben dem Textilgeschäft kaufen. Ein grosser Umbau wird geplant, bei dem die Ladenfläche verdoppelt wird.

Anlässlich einer grösseren Zeitungsreportage strahlen Monique (links) und Béatrice für den Fotografen.

Während dieses Umbaus wird das Textilgeschäft in der alten Kegelbahn des Restaurants Schwanderhof, auf der Insel, geführt. Claudine deckt die verstaubten Wände und Decken mit Tüchern ab und legt Teppiche auf den verschrammten Boden.

Am letzten Samstag im September 1968 öffnet Kundert Textil die Türen zum neuen Laden neben dem Restaurant Krone, nachdem Claudine mit den beiden Töchtern Béatrice und Monique bis morgens um vier Uhr alles vorbereiteten.

Kaum ist die Ladentüre geöffnet, die ersten Kundinnen im Geschäft, ergiesst sich aus sämtlichen Lampen Wasser über die Kleider, Theken und Gäste. Vor lauter Müdigkeit stresst dies niemanden. Lachend ziehen sie die Kleiderständer nach draussen, wo sie vom Wasser verschont bleiben.

Trotz geglücktem Umbau ist die Freude in der Familie ziemlich getrübt, denn im gleichen Jahr verstirbt der Grossvater und Markus wird schwer krank. Er erleidet eine Trigeminus-Neuralgie – eine extrem schmerzliche Erkrankung am Trigeminusnerv.

Ein Jahr später wird er hoffnungsvoll operiert. Der Erfolg bleibt aber aus. Die Schmerzen sind kaum aushaltbar und 1974 muss er seine Arbeit niederlegen. Das Unglück geht weiter, als er im folgenden Jahr an Lungenkrebs erkrankt. Wenigstens verläuft diese Operation erfolgreich und er ist vom Krebs geheilt.

Die Töchter engagieren sich im Unternehmen

Die jüngste Tochter, Monique, tritt ebenfalls in die Spuren von Mutter und älterer Schwester. Mit 15 möchte sie Fotografin werden. Aber die Mutter hat andere Pläne. Sie soll noch die dritte Sekundarklasse besuchen. Dann entscheidet sich Monique für den Beruf der Kindergärtnerin. Aber wieder ist es anders geplant. «Du kannst bei mir anfangen. Ich kann grad dringend jemanden gebrauchen», erklärt ihr die Mutter und so steigt auch Monique ins elterliche Geschäft ein.

Nach der Lehre arbeitet sie in Genf und besucht ab und zu die Eltern in Schwanden. Bei einem ihrer Urlaube in Schwanden fahren Mutter und Tochter nach Walenstadt für einen Sparziergang. Dort erzählt Claudine, dass Frau Spälty-Kamm vom Textilgeschäft in Netstal das Geschäft aufgeben und gerne an Textil Kundert übergeben würde. So eröffnet

Monique Kundert im Alter von 21 Jahren eine Filiale in Netstal. Unter dem Motto «Von Kopf bis Kleid» führt sie dieses Geschäft bis zu ihrer Hochzeit 1977.

Auch Béatrice ist nach wie vor im elterlichen Unternehmen tätig. In der Zwischenzeit hat sie die Autoprüfung gemacht. Der morgendliche Brottransport – und vor allem jener am Freitag – ist nun bedeutend einfacher.

Ein Jahr später heiratet auch sie und zieht in Richtung Zürich.

1984 kehrt sie zusammen mit ihrem Mann Walter wieder ins Glarnerland und übernimmt das Textil- wie auch das Lebensmittelgeschäft. Walter widmet sich dem Gemüse und Obst, Béatrice, mit der Unter-

Monique, Mutter Claudine und Béatrice – sie stehen für Kundert-Textil.

stützung ihrer Schwester Monique, das Textilgeschäft. Die Ablösung fällt der Mutter nicht immer einfach. Diskussionen bleiben nicht aus, aber immer finden sie ein gutes Ende.

Farben für die ältere Generation
Erfolgreich gestalten sie im Frühling jeweils Senioren-Modeschauen. Kundinnen lassen sich ausstatten und präsentieren im Schwanderhof die neuesten Trends. So lernen auch die älteren Damen Farbe zu tragen. Kundert-Textil ist an der Gewerbeausstellung in Schwanden wie auch an der Weihnachtsausstellung in Näfels mit ihrem breiten Angebot vertreten.

Vier Jahre nach der Übergabe stirbt Vater Markus unverhofft. Ein schwerer Schicksalsschlag für die Familie. Dann, 2006, zieht es Claudine wieder in ihre alte Heimat, nach Lausanne, wo sie bis 2011 bleibt.

Textil- und Lebensmittelgeschäft florieren in Schwanden noch prächtig. Aber im Laufe der Zeit macht sich der Druck der Grossverteiler immer mehr bemerkbar. Und als Monique eines Tages auf der Bank Münz wechselt, nimmt die Zukunft eine neue Wendung.

Die Dame am Schalter erzählt, dass umgebaut wird, der Platz aber etwas eng ist. Kunderts überlegen nicht lange, bieten der Bank ihren Hausteil an und nach drei Monaten ist der Handel perfekt.

Im September 2008 schliesst die Türe von Kundert Textil zum letzten Mal.

Louis Müller

LOUIS MÜLLER – DER KLEINE JELMOLI IN OBERURNEN

Kolonialwaren, Mercerie, Bonneterie und Stoffe – das war das Sortiment von Louis Müller Oberurnen während vielen Jahren. Heute führt die 5. Generation das Geschäft – die Auswahl ist dem Markt angepasst, aber immer noch sehr vielseitig.

«frisch und fründlich» heisst das Motto der louis müller ag in Oberurnen. Anfang August 2017 feierte die 5. Generation der Müllers, Marianne und Christoph Müller-Steinmann, nach kurzer Umbauzeit die Neueröffnung. Das Geschäft hat neben einer neuen Inneneinrichtung auch die Poststelle integriert.
Übernommen hat die 5. Generation das Unternehmen 1997. Christoph, der Drittälteste der fünf Müller-Kinder, wächst zusammen mit seinen Geschwistern in der Wohnung oberhalb des Ladens auf und geniesst die Kindheit. Trotz eigenem Geschäft finden die Eltern immer genügend Zeit für die vier Buben und das Mädchen. Zwar heisst es manchmal: «Am Samstag wird im Laden geholfen.» Nach einem kurzen Murren steht Christoph aber am Samstagmorgen auf der Schwelle und packt kräftig mit an. Gemüse rüsten, Regale auffüllen oder Hauslieferungen im Dorf erledigen. Das gehört alles dazu und wird somit zur ersten Schulung für das spätere Leben im eigenen Geschäft.
Als Kind sieht er sich zwar noch nicht im elterlichen Unternehmen. Lernt aber trotzdem in Glarus beim Gemüsehändler Bamert Verkäufer. Danach absolviert er die kaufmännische Lehre bei der damaligen Einkaufsgesellschaft, der auch der elterliche Betrieb angeschlossen ist, und setzt der ganzen Ausbildung mit dem Verkaufskoordinator das i-Tüpfelchen auf.
Als sich die Eltern mit den ersten Gedanken rund um den Ruhestand befassen, fragen sie Christoph nach seinem Interesse, das Geschäft zu übernehmen. «Nur, wenn meine Frau mitmacht», lautet seine Antwort. Marianne Müller-Steinmann ist Bankkauffrau in Glarus, stimmt aber dem Unterfangen zu. Sie macht die entsprechende Ausbildung und steht seither gemeinsam mit ihrem Mann im Unternehmen.

Es begann im vorletzten Jahrhundert
1872 lebt Kaspar Anton Müller im Winkel in Oberurnen und macht sich jeden Tag zu seiner Arbeit in die Fabrik in Riedern. Neben der Arbeit engagiert er sich im Dorf und ist Mitbegründer des Konsumvereins Oberurnen (im Areal der Zigerfabrik an der Adlerstrasse). Eine wirtschaftliche Flaute zwingt die Fabrik, Kurzarbeit einzuführen. Auch K.A. Müller muss zu Hause bleiben. Unstimmigkeiten mit dem Konsumverein bewegen ihn dazu, einen eigenen Laden in seinem Wohnhaus zu eröffnen – mit dem gleichen Sortiment wie der Konsumverein. Trotz

der gegenseitigen Konkurrenz floriert das Geschäft von Müller. Als die Fabrikherren wieder nach ihm rufen, lässt er ausrichten, dass er kein Interesse mehr hat. Er betreibt lieber seinen Laden im Winkel.

Als der «Schwanen» gegenüber von der Kirche schliessen muss, ergattet Müller die Liegenschaft und richtet sein Geschäft dort ein. Über den Eingang hängt er die Tafel «Handlung Kaspar Anton Müller» auf. Während er im Winkel lediglich Spezereien – also Lebensmittel führte, nimmt er nun zusätzlich auch Wäsche, Mercerie und Stoffe ins Angebot.

Die zweite Generation

Die politische Lage in Europa sieht nicht gut aus, als Müllers Sohn Josef 1908 das Geschäft käuflich, samt Aktiven und Passiven, übernimmt. Im Kaufvertrag ist der Betrag von 19 000 Franken festgehalten. Sechs Jahre später bricht der Erste Weltkrieg aus. Eine harte Zeit: Tageseinnahmen von Total 30 Franken waren damals keine Ausnahme. Aber Josef Müller weiss sich zu behaupten und betreibt den Laden mit Erfolg.

Die Eltern Müller-Klinkert mit ihren vier Söhnen.

Die 4. Generation mit ihrem Nachwuchs, anlässlich der Eröffnung im März 1981.

Trotz der grossen Arbeitsbelastung amtet Josef Müller viele Jahre nebenbei als Polizei-Vorsteher in Oberurnen. In diese Zeit wird ebenfalls der nördliche Anbau mit Wohnung, neuem Geschäft und Magazin erstellt.

Die Gesundheit meint es aber nicht gut mit ihm. 20 Jahre nach der Übernahme erkrankt er ernsthaft und übergibt das Unternehmen seinem Sohn Josef Müller-Klinkert. Dessen Frau bringt viel Erfahrung aus der Kleiderbranche mit. Damit wird das Sortiment weiter ausgebaut.

Um genügend Umsatz zu machen, reist er mit dem Auto bis in Rheintal und bietet seine Waren an. Hemden, Unterwäsche, Stoffe, Arbeitskleider – alles hat er dabei. Um das Sortiment an Hemden grösser zu machen, führt er auch Musterbücher mit. So können die Hausfrauen Hemden für ihre Ehemänner nach Wunsch anfertigen lassen.

Mit der Rationierung der Treibstoffe während des Zweiten Weltkrieges bricht dieser Einnahmenzweig jedoch plötzlich weg. Lebensmittel werden rationiert und die Wirtschaftskrise ist auch in Oberurnen gut spürbar. Das bringt Müller dazu, sich der noch jungen Selbsthilfe-Genossenschaft für freie Detaillisten «Usego» anzuschliessen. Sein Vater ist nicht begeistert von dieser Idee. «Wenn du verlumpen willst, dann mach du das», donnert er. Dieser lässt sich aber von der Idee nicht abbringen.

Josef Müller-Klinkert glaubt an die Zukunft seines Unternehmens und kauft 1945 eine Bauparzelle an der Poststrasse. Unweit seines eigenen Ladens.

Es geht wieder aufwärts

Dank Kriegsende, wirtschaftlichem Aufschwung und Müllers grossem Engagement beginnt der Aufschwung wieder. Josef und Elisabeth Müller-Klinkert sind stolze Eltern von vier Söhnen. Sie wachsen in Oberurnen auf und absolvieren alle im Internat in Disentis die Oberstufe. Einer der vier Buben heisst Louis. Er macht die kaufmännische Lehre bei einem Stoff-Grossisten in Richterswil und lernt anschliessend in der Westschweiz Französisch.

Dann steht er eines Tages mit zwei Koffern am Bahnhof. Sein Ziel ist Mailand. Ausser der Adresse des «Casa Svizzera» und ein paar Franken hat er nichts in der Tasche. Keine Wohnung, kein Job, keine Italienischkenntnisse. In Mailand im «Casa Svizzera» angekommen, erklärt er dem zuständigen Beamten, «Ich bin jetzt da.» Zu dieser Zeit weilen rund 2000 junge Schweizer in Mailand, somit bildet der junge Louis

Das Firmenlogo auf einer Rationierungskarte während des 2. Weltkrieges.

Marianne und Christoph Müller führen das neu renovierte Geschäft in der 5. Generation.

Müller keine Ausnahme. Er erhält ein Zimmer und Italienischunterricht. Nach drei Wochen ist das Geld aufgebraucht. Seinem Lehrer, der Beziehungen zu Unternehmern hat, sagt er, dass er in die Schweiz zurückkehren müsse, wenn er keinen Job erhalte. Drei Tage später beginnt er mit der Arbeit. Seine Liebe zur italienischen Sprache ist damit gesetzt. Doch irgendwann geht auch die Zeit in Italien zu Ende und er kehrt ins Glarnerland zurück.

Ab Dezember 1957 ist Louis Angestellter im elterlichen Geschäft. Sein Ziel konkretisiert sich: In Oberurnen bleiben und arbeiten, aber das Geschäft muss radikal umdisponiert werden.

Allein kaum.

Die junge Familie und der Neubau

Im Ausgang trifft man sich: junge Glarner Burschen mit «feschen» Märchlerinnen. Zuerst unverbindlich, später mit Absichten. Mittendrin ist die junge, hübsche, unternehmungslustige und tüchtige Hildegard Kengelbacher. Sie führt die Textilabteilung im Coop Lachen. Es

Hildegard und Louis Müller-Kengelbacher.

werden schon bald gemeinsame Pläne erstellt, welche dann auch umgesetzt werden und im Oktober 1961 läuten die Hochzeitsglocken für Hildegard und Louis.

Dann wird an der Poststrasse 30 das neue Geschäftshaus mit zwei Wohnungen erstellt. Das Bauland hatte Vater Josef Müller schon vor 17 Jahren vorsorglich erworben. Am 13. April 1962 eröffnen Louis und Hildegard Müller-Kengelbacher das erste Lebensmittelgeschäft mit Selbstbedienung im Kanton Glarus. Ebenfalls vergrössert und erweitert wird bei diesem Neubau die Abteilung der modischen Textilien für Damen, Herren und Kinder.

Das Geschäft läuft gut und der Umsatz verdoppelt sich. Auch die Familie gedeiht prächtig und 1972 vervollständigt Tochter Priska nach vier Brüdern die fünfköpfige Kinderschar.

Ins Elternhaus zieht der Sattler Halter, der sein Geschäft, bis zum Brand des Hauses im Jahr 1985, dort betreibt.

Zu dieser Zeit sind knapp 30 Prozent der Oberurner Bevölkerung Italiener, so nehmen Müllers auch viele italienische Spezialitäten wie Panetone oder Cima di Rapa ins Sortiment auf. Ein Umstand, der dem guten Geschäftslauf nur entgegenkommt.

Als ein Vertreter des Detaillistenverbandes die Betriebe im Glarnerland begutachtet, fragt er am Bahnhof Niederurnen nach dem Geschäft Louis Müller. Der Befragte antwortet: «Meinen Sie den kleinen Jelmoli? Der ist in Oberurnen.»

Die Erweiterung

Viele der Kunden kommen aus Niederurnen. So ergreift Louis Müller 1972 die Gelegenheit, und eröffnet im alten Schenkhaus an der Ziegelbrückstrasse in Niederurnen eine Filiale mit ausschliesslich Mode für Damen und Herren, Kinder-Ausstattung und Wäsche. 15 Jahre später zieht das Modegeschäft ins Dirlerhaus, wo es bis heute mit einem breiten Angebot an Kleidern, Strickwaren und Wäsche betrieben wird.

1997 übernimmt Sohn Christoph das Geschäft. Müllers helfen gerne weiterhin mit. Die Rollen sind aber klar verteilt. «Chef gibt es nur einen», weiss Louis Müller. Und im Laufe der Zeit bewegen sie sich immer mehr in den Hintergrund, freuen sich an den Enkeln und den neuen Ideen, welche die fünfte Generation umsetzt.

A. Ferrari,
Messerschmied

SCHARFE MESSER SEIT ÜBER HUNDERT JAHREN

Wenn es richtig gut schneiden muss, dann ist der Messerschmied gefragt.
Ferraris haben das Messerschleifen im Blut.

Das Val Rendena im nördlichen Italien ist im 19. Jahrhundert als eigentliches Tal der Schleifer bekannt. Unzählige Messerschleifer sind von dort aus in die Welt gereist und haben Küchen-, Metzger- oder Rasiermessern wieder den perfekten Schliff verpasst.

So zieht auch Antonio Ferrari um 1885 vom Val Rendena aus über Österreich in die Schweiz, um Arbeit zu suchen. Er weiss, dass der Kanton Glarus ein Industriekanton ist, der immer gute Arbeiter braucht. In Schwanden lässt er sich nieder, richtet seinen Schleifstein ein und holt in den Fabriken und Haushaltungen alles ab, was geschliffen werden muss. Wünscht die Kundschaft ein neues Messer, so nimmt er seine Esse in Betrieb und schmiedet das Eisen im wahrsten Sinne des Wortes, so lange es heiss ist.

Zusammen mit seiner Frau, die ebenfalls aus Norditalien stammt, hat Antonio drei Söhne: Angelo, Fortunato und Virginio. Der Familie gefällt es in Schwanden, sie sehen einer positiven Zukunft entgegen und so beschliessen sie, dass sie im Glarnerland bleiben und den Hausteil an der Bahnhofstrasse 56 käuflich erwerben. Die Buben wachsen heran und lernen den Beruf ihres Vaters. Aber nicht für alle drei hat es genügend Arbeit im elterlichen Betrieb. So zieht Fortunato nach Glarus und Virginio nach Luzern, wo jeder sein eigenes Messerschleif-Geschäft gründet und erfolgreich betreibt.

Die zweite und dritte Generation beim Sonntagsausflug: Angelo und Emma Ferrari mit der kleinen Adele um 1940.

Rico (links) und Bruder Anton sind gerne mit den Skiern unterwegs.

Angelo, der in Schwanden bleibt, arbeitet im Familienbetrieb mit. Als die Familie einmal in ihre alte Heimat fährt, lernt Angelo Emma Lorenzi kennen. Emma lebt mit ihrer Familie in Wien, wo sie ein angesehenes Geschäft führen. Ebenfalls eine Messerschleiferei, die dann aber im Zweiten Weltkrieg dem Erdboden gleichgemacht wird.
Zwischen Angelo und Emma entwickelt sich eine Liebe und so heiraten die beiden Ende der 20er-Jahre.

Handarbeit ist gefragt
Gemeinsam führen sie das Geschäft in Schwanden, wo Angelos Eltern den Grundstein für eine lange Zukunft legten. Emma arbeitet im Laden und auch in der Werkstatt mit. Neben den Messern stellen Ferraris auch Schirme her und reparieren diese, wenn ein Sturm zu stark war. In den Regalen in der Werkstatt im hinteren Gebäudeteil warten Griffe und Holzgestelle auf das Zusammensetzen und Bespannen. Schwere schwarze Stoffballen lagern daneben. Daraus schneidet Emma die

Die Werkstatt im hinteren Teil des Gebäudes.

dreieckigen Stoffteile und näht sie fein säuberlich zusammen. Dafür hat Angelo zwei Schnellnäher – spezielle Nähmaschinen mit Fussantrieb – angeschafft.

Noch sind fast alle Schirme schwarz, was für die Augen der Näherin eine wahre Herausforderung ist.

Aus dem Paar ist in der Zwischenzeit eine Familie geworden. 1930 kommt Anton auf die Welt, 1933 Rico.

Das Haus, in dem die Familie lebt und arbeitet, ist etwas in die Jahre gekommen. Ein Haus, das bereits bedeutende Gäste bei sich aufnahm. So soll 1799 General Suworow hier gegessen haben, als es noch ein Wirtshaus war.

Angelo entscheidet sich 1935 für eine erste Renovation. Die Fassade erhält einen neuen Anstrich, die Fenster werden ausgewechselt und die Schaufenster den neuesten Trends angepasst.

Im darauffolgenden Jahr erhalten die beiden kleinen Buben noch ein Schwesterchen. Adele macht das Familienglück perfekt.

Die Werkstatt mit Nähmaschinen und Schirmlager.

Die Weihnachtsausstellung in Näfels 1977 gehört zum festen Jahresablauf von Messer Ferrari.

Die beiden Buben treten in die Stapfen des Vaters und lernen den Beruf des Messerschmieds. Adele macht die Verkäuferinnenlehre, heiratet und zieht aus Schwanden weg.

Wie bereits seine beiden Onkel Fortunato und Virginio, schaut sich auch Anton anderweitig nach einer Stelle um. So eröffnet er am 1. April 1955 am Stauffacherplatz in Zürich sein eigenes Geschäft: A. Ferrari, Messerschmied, ist über dem beleuchteten Schaufenster zu lesen.

Auch in Schwanden heisst das Geschäft A. Ferrari, Messerschmied. Angelo nimmt seinen Sohn Rico mit ins Unternehmen und eröffnet 1956 eine Filiale in Näfels. Rico ist für Näfels zuständig, wo er als Unterstützung eine Angestellte im Laden beschäftigt. Die Geschäfte florieren. Vater und Sohn beliefern ihre Kunden über die Kantonsgrenzen hinaus, bis nach Amden. Sie holen jede Art von Messern und Scheren bei ihren Kunden ab, schleifen sie in der Werkstatt und liefern sie wieder aus.

Im Sommer 2000 übernimmt Angelo Ferrari das Familienunternehmen.

Die 3. Generation übernimmt unverhofft

Neben der Arbeit gehören auch Freizeit und etwas Vergnügen zum Leben von Rico. Er ist ein begnadeter Skifahrer und gewinnt manch ein Skirennen souverän.

Wie das Skifahren gehört auch das gesellschaftliche Leben zu seiner Freizeit. So amüsiert er sich eines Tages bei einer der legendären Tanzveranstaltungen im «Hotel Mariasee» in Weesen. Während die Musik lüpfige Takte spielt, der See ein südliches Ambiente zaubert, lernt er die junge Andrée Häny aus Niederurnen kennen. Der Funke springt über und die beiden heiraten 1962 in Schwanden. Rico und Andrée ziehen in das geschichtsträchtige «Grubenmann-Haus» am Kreuzplatz in Schwanden, wo sich im Erdgeschoss das Familienunternehmen befindet.

Wie bereits Jahre zuvor, leben auch jetzt mehrere Generationen im gleichen Haus. Und bald kommt die vierte Generation hinzu. Renato, Angelo und Corina wirbeln über die Treppen, den Laden und die Werkstatt. Es geht turbulent zu und her.

Rico und Andrée Ferrari-Häny schauen auf ein erfolgreiches Geschäftsleben zurück.

Im Geburtsjahr von Angelo, 1964, stirbt aber Grossvater Angelo im Alter von 60 Jahren unverhofft bei seiner Rückkehr von einer Italienreise. Fast von einem Tag auf den anderen übernehmen Rico und Andrée das Geschäft. Grossmutter Emma arbeitet mit und hilft, wo sie nur kann. Im Laden, in der Werkstatt, in der Familie. So ist sie für die Grosskinder da und lebt weiterhin im gleichen Haus. Sie wird bis zu ihrem 85. Lebensjahr im Familienbetrieb mithelfen.

Andrée lernt von ihrer Schwiegermutter, wie man Schirme näht und repariert, steht im Laden, führt als gelernte Kauffrau das Büro und ist nebenher noch eine gute, geduldige Mutter von drei kleinen Kindern.

Vom Messerschmied zum Haushaltwarengeschäft

In der Zwischenzeit ist der kleine Colonialwarenladen, der dem Geschäft angegliedert war, aufgelöst und die Fläche gehört zum Messerschmied. 1974 kauft Rico Ferrari das gesamte Haus und vermietet die Räume im Erdgeschoss, wo einst die Papeterie Feldmann «Bibel Heiz» war.

Rico Ferrari liebt seinen Beruf als Messerschmied. So ist es für ihn wichtig, dass dieser Berufsstand weiterbesteht. Während seiner Zeit als Unternehmer bildet er insgesamt drei Messerschmiede aus.

Damit das Unternehmen im gesamten Kanton bekannt bleibt, sind Ferraris auch an der ersten Weihnachtsausstellung in Näfels im November 1975 vertreten. Dort zeigen sie ihr breites Sortiment, verkaufen und nehmen Aufträge entgegen. Auch die Kinder sind jeweils mit von der Partie und geniessen das bunte Treiben im damaligen SGU in Näfels.

Als kleiner Bub sieht sich Angelo aber noch nicht im elterlichen Geschäft. Er will Ingenieur werden. Dann packt ihn die Liebe zum Beruf des Messerschmiedes trotzdem und er absolviert von 1979 bis 1983 in St.Gallen die Lehre. Nach Anstellungen ausserhalb des Kantons kommt er zurück in den Familienbetrieb und übernimmt im Jahr 2000 die beiden Geschäfte in Schwanden und Näfels. Der Laden in Näfels ist in der Zwischenzeit von der Beuge in die Gerbi gezogen und wird weiterhin erfolgreich als Filiale von Schwanden aus betrieben.

Bereits seine Eltern sahen, dass eine Zukunft mit Messern und Schirmen alleine nicht möglich ist. Sie erweiterten das Sortiment mit Haushaltwaren, Gartenmöbeln und einer Geschenkboutique.

So heisst es heute Messer – Haushalt – Geschenke – A. Ferrari. In Schwanden sowie in Näfels. Für Angelo Ferrari gehört das Schleifen von Scheren und Messern aber nach wie vor zum Alltag. Aber den Geschäftszweig Herstellung und Reparatur von Schirmen hat er aufgegeben.

Angelo Ferrari kennt sich mit Messern aus.

Metzgerei Menzi

METZGER MENZI IN DER FÜNFTEN GENERATION

Seit 38 Jahren steht die Metzgerei Menzi in Mitlödi an der Hauptstrasse. Ihren Anfang hatte sie in der Wiese in Mitlödi.

Seit fünf, wenn nicht sogar sechs Generationen, sind die Menzis Metzger. «Die können nichts anderes», sagt Peter Menzi heute lachend. Ob sein Ur-urgrossvater auch Metzger war, das weiss er nicht mit Sicherheit. Aber dass sein Urgrossvater in Flums eine Metzgerei hatte, das weiss er.

Der Sohn dieses Metzgers, Peter, geboren 1903, kommt anfangs des 20. Jahrhunderts nach Mitlödi, wo er in der Wiese bei Metzger Gabriel Kundert Arbeit findet. Kaum im Glarnerland, lernt er die junge Lena kennen, die Tochter der Fuhrhalterfamilie Kundert. Sie ist Weissnäherin und arbeitet oben in der Villa von Trümpis.

1926 heiraten die beiden. Im gleichen Jahr übernehmen sie die Metzgerei von Gabriel Kundert und führen sie gemeinsam. Lena arbeitet mit und führt nebenbei den Haushalt.

Ein Jahr nach der Hochzeit werden Lena und Peter stolze Eltern von Zwillingen. Wie der Vater heisst auch der kleine Bub Peter. Sein Schwesterchen taufen sie auf den Namen Marie. Zwei Jahre später

Lena und Peter Menzi-Kundert eröffnen 1926 ihre eigene Metzgerei in der Wiese in Mitlödi.

kommt Jakob auf die Welt und 1932 dann der jüngste Spross, Hans. Die Kinder bringen Leben in das grosse Haus mit seinen vielen Zimmern und lassen die Mutter kaum zur Ruhe kommen.

Reich werden Menzis mit ihrer Metzgerei nicht. Ein grosser Teil der knapp 800 Einwohner von Mitlödi sind Selbstversorger, halten ein Schwein im Stall, ein paar Hühner und einen Gemüsegarten. Aber Menzis wissen sich zu behaupten.

Die Kinder wachsen heran. Nach der Schule werden Peter der Zweite und Hans Metzger, Jakob Schmied und Marie heiratet nach Bern. Auch Jakob zieht es aus dem Kanton. Er lebt fortan in Seuzach. Hans wechselt seinen Beruf, wird Polizist und zieht nach St. Gallen. Nur der junge Peter bleibt dem erlernten Beruf treu und arbeitet im elterlichen Betrieb.

Die erste Kühltheke

Die Wiese neben Menzis Metzgerei hat der Viehhändler Bäbler aus Matt gepachtet. So kommt es vor, dass seine Tochter Margrith ab und zu auch in Mitlödi in der Nähe der Metzgerei zu sehen ist. Zwischen

Margrith und Peter Menzi-Bäbler mit den beiden Buben Peter (links) und Jakob.

dem jungen Peter und Viehhändlers Tochter entwickelt sich eine Liebe und 1951 treten die beiden vor den Traualtar. Margrith ist Zahnarztgehilfin, für diese Zeit ein aussergewöhnlicher Beruf. Sie verdient dabei gleich viel wie ein Zahnarzt. Gemeinsam ziehen sie nach Langnau und Peter arbeitet in einer Metzgerei in Zürich.

Ende der 50er-Jahre planen die Eltern die Übergabe der Metzgerei. Sie fragen ihren ältesten Sohn, ober er sich eine Zukunft im Glarnerland vorstellen könnte. Dieser ist in der Zwischenzeit Vater von zwei strammen Buben geworden. Der ältere heisst natürlich auch Peter, der jüngere, 1953 geboren, ist auch wieder ein Jakob – wie der Bruder des Vaters.

Peter und Margrith ziehen mit ihren beiden Buben zurück ins Glarnerland, nach Mitlödi, wo sie im mächtigen Haus in der Wiese Platz finden.

1960 geht die Metzgerei an die dritte Generation Menzi. Wie bereits die Frauen der früheren Generationen ist es für Margrith selbstverständlich, dass sie ihren Beruf aufgibt und im eigenen Geschäft arbeitet. Die

Im Frühling 1981 entsteht der Neubau an der Hauptstrasse.

Eltern ziehen sich zurück und richten sich in Haslen ein neues Zuhause ein. Zusammen mit seiner jungen Frau beschliesst Peter, die Metzgerei dem neuen Kaufverhalten anzupassen. Er sieht die grossen Möglichkeiten, welche der aufkeimende Wohlstand auch ins Glarnerland bringt.
Der mächtige Verkaufstisch mit der Marmorplatte wird entsorgt, die erste Kühltheke und der erste Gefrierschrank kommen in den neuen Laden. Die Würste, die bis anhin an Haken an der Wand hingen, verschwinden. Mit einfachen Mitteln bauen Menzis das Geschäft um und freuen sich, ihrer Kundschaft den neuen Laden zu präsentieren.
Die Hochkonjunktur bringt es mit sich, dass sich die Leute mehr leisten können, die Selbstversorgung aufgeben und sich gerne regelmässig ein gutes Stück Fleisch gönnen. Essgewohnheiten und Einkaufsverhalten beginnen sich zu ändern, Hygienevorschriften kommen neu hinzu.

Standortsuche

Peter und Jakob wachsen zusammen auf, besuchen die Schule in Mitlödi und sind regelmässig im hinteren Teil der Metzgerei anzutreffen. Hier stapeln sich Fleischplättli, die darauf warten, sauber gewaschen zu werden. «Das war keine Arbeit für uns. Wir halfen einfach mit», erinnert sich Peter Menzi heute.
Er träumt davon, dereinst Lok-Führer oder Koch zu werden. Aber gegen Ende der Schulzeit entscheidet er sich, doch in die Fussstapfen seiner Vorfahren zu treten. Mutter Magrith fragt ihn, ob er wirklich Metzger werden möchte und so viel arbeiten will. Aber seine Entscheidung ist gefallen. Er wird Metzger und arbeitet nach der Lehre während einer Saison in Davos, danach leitet er in Chur eine Metzgerei-Filiale.
Im Alter von 22 Jahren kommt er zurück nach Mitlödi in die Wiese, wo er im elterlichen Betrieb mitarbeitet.
Die fortschrittliche Einstellung seiner Eltern bringt es mit sich, dass sie offen sind für Neues. Hat der junge Peter eine Idee, so antwortet sein Vater: «Ja, wenn du meinst. Dann probieren wir das aus.» In Gesprächen mit seinem Vater schlägt er ihm eines Tages vor, auch mal Pouletfleisch ins Angebot zu nehmen. «Wer isst denn so was?», fragt

Helle, praktische Räume entstehen und erleichtern den Mitarbeitern die Fleischverarbeitung.

Peter Senior leicht entsetzt. Poulet ist sehr teuer und wird als «Herrenfleisch» bezeichnet. Lediglich in der Gefriertruhe ist so etwas zu finden und wenn eines pro Woche verkauft wird, ist das schon viel. Ganz nach dem Motto, «Was der Bauer nicht kennt, das isst er nicht», kaufen die Glarner Hausfrauen ein.

1976 führt Peter Rita Mittner aus Schwanden vor den Traualtar. Sie ist gelernte Eisenwarenhändlerin und arbeitet in Glarus. Begeistert von der Idee, in der Metzgerei mitzuarbeiten, ist sie zwar nicht, aber trotzdem ist es selbstverständlich, dass sie vom ersten Tag an mitzieht und hinter dem Ladentisch steht.

Das junge Paar lebt und arbeitet im Haus in der Wiese, da, wo vor vielen Jahren die ersten Menzis eine Metzgerei übernahmen.

Die Metzgerei und sämtliche Geräte kommen aber langsam in die Jahre. Der Standort in der Wiese zeigt sich längerfristig als ungünstig. Die Strasse ist zu weit weg, Parkplätze gibt es kaum. Eigentlich sollte investiert werden.

Peter und Rita überlegen, wie es weitergehen könnte. Auswärts etwas Neues anfangen, oder nach einem Bauplatz suchen?
Vater Menzi fragt 1979 bei der Geschäftsleitung der Therma in Schwanden nach, ob sie das Land an der Hauptstrasse in Mitlödi verkaufen würden. Er erhält eine Absage.

Peter wird Grillmeister

Zwei Jahre später, aus der Therma ist inzwischen Electrolux geworden, sucht die neue Geschäftsleitung Peter Menzi Senior auf und bietet ihm das Bauland in Mitlödi zum Kauf an.
Menzi bespricht sich mit seinem ehemaligen Schulkollegen, Remo Masanti, der in Mitlödi ein Baugeschäft führt. Sie sind sich einig: Hier muss man zugreifen.

Rita und Peter Menzi-Mittner führen das Unternehmen bis 2013.

Gemeinsam erwerben sie das Land und planen zwei Neubauten. Menzi ein Geschäftshaus mit Wohnungen, Masanti ein Mehrfamilienhaus, direkt hinter Menzis Geschäftshaus. Ende Juli 1980 stehen die Bauprofile auf der Wiese.

Bald fahren Bagger auf, tragen die Erde ab und die zwei Häuser entstehen Schritt für Schritt. Im darauffolgenden Jahr feiern Menzis Eröffnung.

Eine grosse, helle Metzgerei mit praktischen, modernen Arbeitsräumen ist entstanden. Im gleichen Gebäude, direkt nebenan, hat sich Peters Bruder Jakob mit einem Lebensmittelgeschäft eingerichtet, und die Glarner Regionalbank führt ebenfalls im gleichen Gebäude eine kleine Filiale.

Die jüngste Generation Menzi zieht mit ihren beiden kleinen Kindern, Marco und Iris, in die Wohnung über der Metzgerei ein.

Langsam aber sicher zeichnet sich das Ende der Hochkonjunktur ab. Grossverteiler ziehen in die Region, drücken auf die Preise und erschweren das Leben sämtlicher Detaillisten im Kanton.

Mit dem Neubau bringen Menzis aber auch ein viel breiteres Sortiment nach Mitlödi. Sie passen sich den neuesten Trends an. Poulet gehört längst zur Tagesordnung. Der Grillboom setzt ein und so kreiert Peter Menzi Marinaden und verkauft damit vorbereitetes Grillgut.

Für einige Medienpräsenz und damit optimale Werbung sorgt seine erfolgreiche Teilnahme an Grillmeisterschaften. Zusammen mit seinem Team holt er mehrere Medaillen und wird zum Spezialisten in Sachen Grillieren und damit über die Kantonsgrenze hinaus bekannt. Auch seine Frau Rita nimmt an Grill-Wettkämpfen teil. 1997 wird sie an einem Wettkampf nur gerade vom legendären Grill-Ueli geschlagen und erreicht mit ihrem Team den 2. Platz.

Als der Aufwand immer grösser wird, beendet er Ende der 90er-Jahre diese Einsätze.

Die fünfte Generation steigt ein

Ein Geschäftszweig, der sich in der Zwischenzeit immer mehr ausweitet, ist der Partyservice. Während in den Vorjahren vor allem die Nachfrage nach Fleischplatten und Salaten stieg, liefert nun die Metzgerei Menzi auch ganze Menüs an Veranstalter. Mit der Schliessung von verschiedenen Restaurants mit grösseren Räumen nimmt die Nachfrage stetig zu. Gemeinschaftsräume und Gemeindesäle werden zu Festlokalen umgenutzt und mit fertigen Menüs von Menzi beliefert.

Wie schon in den Generationen vorher, helfen auch die beiden Kinder Marco und Iris ab und zu mit im Laden. Marco findet aber Gefallen an der Pfadi. «So musste er nicht zu Hause helfen», sagt Peter Menzi rückblickend und schmunzelt. Iris kommt oft von der Schule nach Hause, wirft einen Blick in den Laden und zieht sich schnell die Schürze über, um mitzuhelfen.

Die beiden jüngsten Generationen vertreten alle Glarner Metzger am Sechseläuten 2017 in Zürich.

Die Kinder sehen, wie viel Arbeit ein eigenes Geschäft mit sich bringt. Trotzdem entscheidet sich Marco für den Metzgerberuf und absolviert die Lehre beim Metzger Fischli in Näfels. Iris zieht es in die Tourismusbranche.

Nach seiner Lehre fährt Marco nach Neuseeland, um dort Englisch zu lernen. Nach einem weiteren Fremdsprachenaufenthalt im Tessin sieht er sein Glück in Neuseeland. Er hofft, dort ein eigenes Geschäft zu eröffnen. Aber schnell sieht er, dass die Arbeitsmoral dort eine völlig andere ist und kommt zurück nach Mitlödi, wo er im elterlichen Betrieb arbeitet.

Zu Beginn war noch der Vater der Chef. Mit einem fliessenden Übergang hat sich das aber gewandelt. Und 2013 machen Menzis Nägel mit Köpfen: Peter übergibt die Leitung an seinen Sohn Marco.

Diese Generation passt die Öffnungszeiten an die neuen Gegebenheiten an. Von morgens um sechs Uhr bis abends um 19 Uhr ist der Laden durchgehend geöffnet. Eine Entscheidung, die beim Vater zuerst Kopfschütteln auslöst, sich aber vom ersten Tag an als richtig erweist.

Auch Marco und seine Frau Doris haben mit den stetigen Veränderungen zu kämpfen. Als Vaters Bruder das Lebensmittelgeschäft aufgibt, beschliessen die beiden, alles zusammenzuführen und einen einzigen Laden zu machen.

Auch das verlassene Büro der Glarner Regionalbank, das seit 2010 leer steht, wird hinzugefügt und als Büroräume genutzt. Als Bancomat dient nun die Ladenkasse, und auch die Post, die aus dem Dorf verschwunden ist, steht im Geschäftshaus von Menzis.

Die fünfte Generation hat die grosse Herausforderung angenommen und schaut optimistisch in die Zukunft.

Für die Zukunft
Rund 25 Lehrlinge haben in der
Metzgerei Menzi ihre Lehre absolviert.

**Milchzentrale
Schwanden**

MIT MILCH UND KÄSE DURCHS LEBEN

Rösli und Fritz Streiff führten die Milchzentrale in Schwanden während 38 Jahren und neun Monaten.

Fritz Streiff sitzt in seiner Küche im Zügersten. Gerne schaut er auf sein Leben zurück, das er mit Tonnen von Käse und Tausenden Litern Milch verbracht hat.
Geboren ist Fritz am 7. Mai 1935. Seine Eltern betreiben den Hof auf der Matt. Dort erlebt Fritz seine Jugend, inmitten seiner acht Geschwister. Gerne verbringt er die Sommerferien auf der Alp, wo sein Götti eine Alpwirt-

schaft führt. In der Abgeschiedenheit geniesst er die freie Natur und die Aufgabe, die Kühe über die richtigen Wiesen zu führen und aufzupassen, dass sie nicht weglaufen.

In seiner frühen Kindheit tobt rings um die Schweiz der Zweite Weltkrieg. Die Pferde, die auf dem Hof im Einsatz sind, werden vom Militär eingesammelt. Hilfe erhalten die Bauern in dieser Zeit von internierten Polen und Russen, die im Wyden in einem Lager leben. Mit Händen und Füssen verständigen sich die Glarner mit ihnen und sind froh um den Einsatz, den diese Männer leisten.

Ab und zu träumt Fritz davon, selber einmal Bauer zu werden. Als es aber um die Berufswahl geht, zieht er das Arbeiten mit Holz der Landwirtschaft vor. Aber ein Unfall verändert seine Zukunftsaussichten. Er kehrt auf den elterlichen Hof zurück und hilft mit.

Im gleichen Schulhaus wie Fritz geht auch Rösli Rothenbacher ein und aus. Sie ist ein Jahr jünger als Fritz, aber die beiden lachen gerne gemeinsam. Rösli möchte Krankenschwester werden. Vorerst absolviert

Jung und frisch verliebt – Rösli Streiff.

Der junge Milchmann Fritz Streiff mit frisch geformten Butterschäfchen.

sie ein Haushaltlehrjahr bei einer Familie in Schwanden. Dann fährt sie für eineinhalb Jahre nach Frankreich in ein Internat. Als sie ins Glarnerland zurückkehrt, spricht sie fliessend Französisch.

Nun wird sie zu Hause gebraucht, denn ihre Mutter ist krank. So steht sie an ihrer Stelle und schaut für die kleineren Geschwister. Als sich das Familienleben wieder etwas normalisiert, tritt sie im Tessin eine Stelle bei einer Familie mit drei Kindern an. In ihren Erinnerungen schreibt sie: «Das Haus ist sehr gross und die Ansprüche ebenfalls.» Einmal in der Woche besucht sie einen Italienischkurs und lernt schnell. In dieser Zeit reift in ihr der Gedanke, anstatt einer Ausbildung zur Krankenschwester lieber etwas mit Sprachen zu lernen. So macht sie die Aufnahmeprüfung für eine Postlehre.

Nach der Zusage orientiert sie ihre Eltern. Die sind nicht erfreut, stimmen ihrem Unterfangen aber trotzdem zu. Die Zeit verfliegt und im zweiten Lehrjahr lernt sie Fritz näher kennen.

1955 geben sich die beiden in der Kirche in Schwanden das Ja-Wort und bald schon wird aus dem Paar eine glückliche Familie. Fridolin heisst der kleine Bub, der alle Wogen wieder glättet. Schon bald nach

Der frische Käse lagert im Keller der Milchzentrale Schwanden.

der Geburt arbeitet Rösli wieder auf der Post in Glarus. «Damals wurden verheiratete Frauen nur im Taglohn angestellt», schreibt sie in ihren Erinnerungen.

Im Herbst zieht die junge Familie in eine kleine Wohnung in Schwanden. Fritz arbeitet bei Blumer Stoffdrucke in der Spedition. Die Aussicht auf ein zweites Kind bringt es mit sich, dass Fritz sich nach einer neuen Stelle umsehen muss, denn der Fabriklohn würde nicht reichen. Sein neuer Arbeitgeber ist die SBB. Diese verlangt aber, dass die Familie nach Glarus zieht. Dort erblickt nach Töchterchen Maya auch der zweite Sohn, Peter, das Licht der Welt.

Die Liebe zum Käse

1961 wird die Stelle des Betriebsleiterpaares in der Milchzentrale in Schwanden frei. Fritz möchte wieder zurück nach Schwanden und sieht die Chance gekommen, dass seine Frau wieder mitarbeiten kann, dabei aber ihre Kinder nicht in die Krippe geben muss.

Am 1. März 1961 treten sie die Stelle an und stehen zum ersten Mal hinter der Käsevitrine.

Während Rösli Kinder – inzwischen ist auch noch der kleine Ueli hinzugekommen – und Laden unter einen Hut bringt, ist Fritz für die Milch zuständig. Jeden Tag – auch sonntags – fährt er mit seinem Lieferwagen von Haus zu Haus und liefert frische Milch aus. Die Kundschaft stellt das Milchkesseli in den Milchkasten, im umgedrehten Deckel liegt das entsprechende Geld. So weiss er genau, wie viel Milch er einfüllen muss.

Die Herstellung von Käse liegt ihm sehr am Herzen. So reifen unzählige Bergkäse im Keller. Fritz kontrolliert, reinigt und lagert sie liebevoll, bevor er diese in den Laden zum Verkauf gibt oder auf seiner Milchtour zur Kundschaft bringt.

Bis heute wissen Kinder und Grosskinder, dass beim Grossvater in Schwanden immer ein gutes Stück Käse im Kühlschrank bereit liegt.

Im Härtewinter 1963, als der Zürichsee zu einer einzigen Eisfläche wird, gefriert dem Milchmann aus Schwanden sogar die Milch in den Behältern, wenn er mit seinen zwei Pferden auf der Milchtour ist.

In den ersten Jahren führen Streiffs eine traditionelle Auswahl an Milch, Käse, Joghurt, Butter und Rahm. Im Laufe der Zeit finden aber immer

Oben wohnen, unten arbeiten: Die Milchzentrale im August 1970.

mehr Kundinnen und Kunden den Weg in die Milchi. Rösli erweitert das Sortiment Stück für Stück. Der Laden floriert und doch machen die Einnahmen der Milchtour rund einen Drittel der Gesamteinnahmen aus. Neben dem Käse legen Streiffs im Frühling auch ihre selber hergestellte Maienbutter in die Auslage. Eine frische Butter, die bei der Kundschaft sehr beliebt ist.

Das Milchmonopol fällt
Eine Volksabstimmung bringt das Milchmonopol zu Fall. Bis dahin durfte sämtliche Milch ausschliesslich nur in der Molkerei verkauft werden. So stellen Streiffs selber Pastmilch her, damit die Kundschaft diese länger frisch behalten kann.

Nun wird aber die sichere Grundlage des Milchverkaufs geschwächt. Die Milchgenossenschaft Schwanden, der die Milchzentrale gehört, entscheidet sich deshalb, den Laden umzubauen. Aus der herkömmlichen Molki wird ein moderner Lebensmittelladen. Diese Vergrösserung bringt auch mehr Kunden und damit mehr Arbeit. Rösli Streiff darf sich auf gutes Personal verlassen, bildet regelmässig Lehrlinge aus und kann auch immer wieder auf die Hilfe ihrer Kinder zählen. Diese helfen aus, wo sie nur können.
In den 80er-Jahren richten Streiffs die Käseecke neu ein und vergrössern damit das Käsesortiment. Hinzu kommt auch die Herstellung von Zigerbrüt und reich dekorierten Käseplatten.
Rösli Streiff ist ihr Leben lang eine fleissige Schreiberin. So erscheint Ende September 1993 im «Fridolin» ein Beitrag über die neueste Errungenschaft der Milchzentrale Schwanden. «Seit Montag im Einsatz:

Rösli Streiff kurz vor ihrer Pensionierung.

Der neue Milch-Boy als gekühlte, fahrende Milchzentrale von Schwanden.» Der Milchmann Fritz Streiff ist weiterhin mit seinem Fahrzeug unterwegs und beliefert seine Kundschaft mit seinen frischen Produkten. Während er aber zu Beginn seiner Ära in der Milchzentrale auch sonntags ausliefert, beschränkt sich nun die Auslieferung auf die Werktage.

Im Winter 1972 bauen Streiffs ihren Laden nochmals um. Eine grosse Käsevitrine entsteht und das Sortiment wird weiter ausgeweitet. Die immer weniger werdenden Bauernbetriebe, der tiefe Milchpreis und Grossverteiler, die auch in die hinteren Winkel des Kantons streben, gehen an der Milchzentrale nicht spurlos vorbei. Das Überleben fordert Streiffs jeden Tag aufs Neue. Aber sie wehren sich tapfer und können bestehen.

Fritz Streiff geniesst heute seinen Ruhestand im Zügersten in Schwanden.

Am 30. Oktober 1996 wird Fritz Streiff pensioniert. Fritz und Rösli schliessen die Türen ihrer Milchzentrale ein letztes Mal selber ab und freuen sich auf ihren Ruhestand.

Neue Leute – neue Ideen

Da sich keine längerfristige Nachfolge finden liess, führt der Präsident der Milchgenossenschaft während eines Jahres das Geschäft. Ihm folgt mit George Bläsi ein weiterer Pächter. Aber nach einem Jahr sieht dieser seine Zukunft in einem anderen Bereich.

Aus der Läufergruppe kennt er den jungen Köbi Reutlinger. Der 32-jährige Reutlinger ist gelernter Polymechaniker, hat den Beruf aber an den Nagel gehängt und ist zu dieser Zeit gerade z'Alp. Blesi telefoniert auf diese Alp und bald wandert Köbi Reutlinger für ein Treffen in der Milchzentrale ins Tal nach Schwanden. Die Idee, das Geschäft selber zu führen, fasziniert ihn.

Er bespricht sich mit seiner Frau Susanne und bald ist der Vertrag unterzeichnet.

Nun können die beiden ihre Liebe zu regionalen Naturprodukten richtig umsetzen. Ein neuer Name entsteht. Ab sofort heisst das Unternehmen «Grüne Kuh» und passend zum Namen kommt auch ein neuer Käse, mit einer leicht grünlichen Farbe, ins Sortiment – der Schwander Käse. Aus der Bio-Kuhmilch aus Sool stellt Trix Lehmann im Grüt Käse her und Köbi Reutlinger würzt diesen anschliessend in seinem Keller mit Zigerklee aus Lachen. Auf das Ergebnis ist der Glarner stolz und präsentiert die würzige Sorte gerne im Laden neben gut gelagertem Alpkäse und italienischem oder französischem Käse. Denn mit dem neuen Namen hat das Geschäft auch eine neue Richtung eingeschlagen.

Damit die Grüne Kuh mit ihren Spezialitäten auch über Schwanden hinaus bekannt wird, entscheiden sie sich im August 2017 für ein Engagement in der neuen Markthalle in Glarus.

Die Hoffnung, dem Ladensterben entgegenzuwirken und in die Zukunft zu investieren, bestärkt sie in diesem Vorhaben.

Modehaus Hophan

VOM BÜRSTENMACHER ZUM MODEGESCHÄFT

Seit 2014 geniessen Doris und Walter Hauser-Hophan ihren Ruhestand. Während 57 Jahren führten sie das Modehaus Hophan am Rathausplatz in Glarus und führten eine lange Familientradition weiter.

Zu Beginn des vorletzten Jahrhunderts, im Jahr 1905, legt Maria Hophan-Böni den Grundstein für das heutige Modegeschäft Hophan in Glarus.

Maria Hophan-Böni lebt mit ihrem Mann, den zwei Buben und vier Mädchen in Näfels. Ihr Mann Hermann betreibt zusammen mit seinem Bruder im Schneisingen in Näfels eine Bürstenbinderei. Die Zeiten sind hart, aber es reicht für ein bescheidenes Leben.

Bis an dem Tag, an dem sich alles ändert. Der Vater und Ehemann Hermann stirbt unverhofft. Maria Hophan muss nun ganz auf sich allein gestellt für die sechs Kinder und ihr eigenes Auskommen sorgen.

Ein grosses Anliegen ist ihr, dass alle Kinder eine Ausbildung absolvieren können, damit sie dereinst auf eigenen Füssen stehen können. Sie beschliesst, mit Kleidern zu hausieren. Ihr Durchhaltewillen lohnt sich. Schon bald kann sie für sich und ihre Kinder ein eigenes Haus an der Kirchstrasse in Näfels kaufen und dort im Erdgeschoss ihren eigenen Laden einrichten.

Josef, der Drittgeborene wird Lehrer und zieht nach der Ausbildung in den Kanton Aargau, wo er während mehreren Jahren in der kleinen Gemeinde Sulz, nahe der deutschen Grenze, unterrichtet. Bald wird ihm der Schulbetrieb zu eng und er strebt eine militärische Laufbahn an. Aus dem Glarner Bataillon 85 wechselt er als Leutnant zu den Fliegertruppen. Als er zu Beginn der dreissiger Jahre Jeanne Gränacher aus Laufenburg heiratet, kehrt er mit ihr ins heimatliche Glarnerland zurück. Er entscheidet sich, in die Textilbranche der Mutter einzusteigen und als Konfektionsreisender sein Glück zu versuchen.

Auf in den Kantonshauptort

Das kleine Geschäft in Näfels floriert und wird bald zu eng. Josef Hophan-Gänacher eröffnet am 15. September 1932 an der Bankstrasse in Glarus eine Filiale.

Die Eltern Gränacher zieht es in die Nähe ihrer Tochter und so werden sie in Glarus sesshaft. Sie freuen sich über ihren aktiven Schwiegersohn und Grossvater Gränacher erwirbt das leerstehende Hotel, den «Alten Raben» am Rathausplatz.

Dieses Hotel hatte seine Blütezeit im 19. Jahrhundert, als zahlreiche Gäste auf dem Weg ins Stachelbergbad oder nach Braunwald einen Halt einlegten und im «Alten Raben» übernachteten.

Gränacher baut das ehemalige Hotel zu einem Geschäftshaus um und wenige Jahre, nachdem die Filiale Hophan-Böni in Glarus an der Bankstrasse eröffnet wurde, ist in der Zeitung zu lesen, dass am Samstag 30. Oktober 1936 im «Alten Raben» Eröffnung gefeiert wird. Ab sofort heisst das Geschäft nun «Hophan am Rathausplatz».

Zum ersten Mal Hophan mit der Bezeichnung «Wwe Hophan-Böni»

Wittwe Hophan-Böni legte 1905 den Grundstein für das heutige Modegeschäft.

Über die Sandsteintreppe gelangen die Kundinnen nun ins neue grosszügige Geschäft und werden vom Verkaufspersonal freundlich begrüsst. Sepp Hophan fährt regelmässig nach Zürich in die Konfektionsbetriebe und kauft Stoffe ein. Aus diesen nähen seine Schneiderinnen im Änderungs- und Konfektionsatelier in Glarus Jupes und Kindermäntel.

In den ersten Jahren ist neben dem Kleidergeschäft auch das Musikhaus Heiz im gleichen Haus zu finden. Das Engagement der Unternehmerfamilie und die Spezialisierung auf Damen- und Kinderkonfektion bringen aber mit sich, dass fortlaufend ausgebaut wird.

Seine Liebe zum unentwegten Organisieren und Kreieren bringt Sepp Hophan-Gränacher auf die Idee, in Glarus Modeschauen durchzuführen. Dabei bezieht er auch andere Glarner Geschäfte mit ein. Die Glarner Damen erhalten damit die Möglichkeit, die neuesten Modetrends im eigenen Hauptort zu sehen und entsprechend einzukaufen.

Das Unternehmen floriert, die Kinder Doris und Heini sind gesund, aber das Glück währt nicht lange. Jeanne und Sepp Hophan-Gränacher erkranken beide an Krebs. Sepp stirbt im Februar 1954.

Schwere Zeiten für die dritte Generation
Während sich die junge Doris nach der Handelsschule in einem Textilpraktikum weiterbildet, erfährt sie, dass es der Mutter immer schlechter geht. Sie kehrt nach Glarus zurück, verlobt sich im Januar 1957 mit Walter Hauser und engagiert sich im elterlichen Unternehmen. Im Juni 1957 stirbt Mutter Jeanne. Ihr Wunsch war es, dass Doris und Walter heiraten. Das haben sie im gleichen Jahr gemacht.
Die Zukunft des Modegeschäfts stellt sie vor die grosse Frage: Wie soll es weitergehen?

Doris und Walter Hauser bilden ein optimales Team.

Als Grossvater Gränacher den «Alten Raben» kurze Zeit später zu verkaufen gedenkt, entscheiden Doris und Walter Hauser-Hophan, den «Alten Raben», bzw. «Hophan am Rathausplatz» zu übernehmen.
Walter arbeitet weiterhin als Lehrer und Doris Hauser-Hophan führt das Unternehmen. Die Verantwortung lastet schwer auf ihren Schultern.
Vorerst bleibt Walter seinem Lehrerberuf treu. Nach der Geburt des dritten Kindes aber entscheidet er sich, im eigenen Unternehmen einzusteigen. Nach der Ausbildung zum Textilkaufmann übernimmt er die Geschäfts- und Personalführung, Doris konzentriert sich auf den Ein- und Verkauf und wagt damit den Spagat zwischen Geschäft und Familie.
Noch ist das Geschäfts- und Privatleben unter dem gleichen Dach. «Wir lebten in den oberen Stockwerken. Unsere Zimmer waren die ehemaligen Hotelzimmer, in denen sogar noch Glöckchen angebracht waren, mit denen einst das Hotelpersonal gerufen werden konnte», erzählt Doris Hauser-Hophan.

Der grosse Umbau
So wie die Mode ständig im Wandel ist, muss auch das Verkaufslokal immer wieder den neuesten Trends angepasst werden. Das junge Unternehmerpaar nimmt einen grossen Umbau in Angriff.
Unter der Leitung von Architekt Willi Marti beginnt am Landsgemeinde-Montag 1962 der Hauptumbau. Der «Alte Raben» muss mächtig Federn lassen. Damit der Betrieb auch während des Umbaus aufrechterhalten bleibt, werden die Verkaufsräume in den zweiten Stock verlegt.
Im Parterre und ersten Stockwerk entstehen helle, grosszügige Verkaufsräume mit Umkleidekabinen. Jede Kabine hat einen direkten Telefonanschluss ins Atelier, damit bei Bedarf eine der Schneiderinnen schnellstmöglich bei der Kundin sein kann, um die entsprechenden Änderungen zu besprechen.
Am 14. September 1962 wird die Eröffnung gefeiert.
Neue Räume, neue Möglichkeiten, aber kein Stillstand. Neben den Modeschauen, die bereits zum Glarner Modebewusstsein dazugehö-

Andrea und Walter Hauser-Schuy führen das Unternehmen heute.

ren, zeigt Hophan am Rathausplatz mehrmals zur Landsgemeinde Ausstellungen zu Themen wie Stachelbergbad, Tödi-Greina, Rheinschifffahrt oder die Drogenproblematik.
Auch neue Geschäfte kommen hinzu. So gibt es Hophan in Chur, Walenstadt, Wetzikon und im Seedamm-Center.

Die vierte Generation zieht ein
Drei Söhne und eine Tochter wachsen heran. Der älteste, Walter, hat die Liebe zum Textil geerbt und besucht die Textilfachschule in Nahgold in Deutschland. 1989 übernimmt er zusammen mit seiner Frau Andrea das Modehaus Hophan. Wie die Eltern passt auch die vierte Generation die Verkaufsflächen den modischen Trends wieder an und baut um.

Andrea und Walter Hauser-Schuy führen das Unternehmen erfolgreich in die Zukunft und eröffnen einen Calida-Shop in Rapperswil und im Seedamm-Center, einen Cecil-Laden in Chur und im Wiggispark Netstal das Geschäft Novum. In all den Jahren werden rund hundert Lehrlinge ausgebildet.

Doris Hauser-Hophan unterstützt die junge Familie und führt die Filiale in Pfäffikon, im Seedamm-Center. 2014 ziehen sich Doris und Walter Hauser-Hophan aus dem Geschäft zurück, sind aber doch noch gerne im Hintergrund unterstützend da.

Seit 112 Jahren sind die Liebe zu Textilien, Unternehmergeist und Engagement in diesem Familienbetrieb eng miteinander verbunden. Wie Internet-Shopping und zunehmende Mobilität das Traditionshaus verändern, steht in den Sternen.

Die Zukunft

«Die Modebranche ist ein hartes Business. Wie die Zukunft aussieht, steht in den Sternen.»

Walter Hauser-Schuy

Posamenter Trümpy

ZARTE SPITZEN, KNÖPFE UND BÄNDER VOM POSAMENTER TRÜMPY

Der Beruf des Posamentiers ist längst ausgestorben. Posamenten werden heute in Billiglohnländern hergestellt und so gehört Posamenter Trümpy längst der Geschichte an.

Am 12. September 1836 erblickt Klein-Leonhard in Glarus das Licht dieser Welt. Vater Peter Trümpy ist Schlossermeister und stammt wie seine Frau Regula, geborene Stüssi, aus dem Glarnerland.

Am 18. April 1844 schenkt Elisabeth Jenzer-Lanz in Madiswil im Emmental ihrem Mann Johann Ulrich Klein-Anna. Wie sich die Wege der beiden jungen Menschen Jahre später kreuzen, ist unbekannt. Fest steht aber, dass sie zwei Wochen vor Annas 21. Geburtstag, am 4. April 1865 heiraten. Leonhard hat sich in der Zwischenzeit zum Posamentier ausgebildet. Ein Beruf, der zu dieser Zeit boomt. Die Kleider der noblen Damen sind mit filigranen Verzierungen geschmückt. So ist der Saum des Damenrockes mit einer Besenlitze, einem Band mit kleinen, bürstenartigen Fäden, versehen. Diese Besen in Kleinstformat verhindern, dass der Rocksaum, wenn er über die staubigen Strassen von Glarus schleift, nicht nach kurzer Zeit schmutzig ist.

Die Damenhüte sind mit kunstvollen Netzchen verziert, Rock-Oberteile mit aufgenähten oder eingesetzten Stickereien versehen und Brusttaschen an Herrenjacken oder Hemden mit diskreten Monogrammen garniert. Aber auch Polstermöbel und Vorhänge sind geschmückt mit Posamenten wie Quasten, Kordeln oder Fransen in den passenden Farben.

Hereinspaziert beim neuen Posamenter

Im Jahr seiner Heirat eröffnet Leonhard an der Ecke Rathausgasse/Kirchstrasse sein Posamentengeschäft. Anna arbeitet mit und schon bald füllt sich das Haus mit Kinderlärm. Vier Töchter und ein Sohn – Ernst-Peter, der Grossvater von Andrea Trümpy.

Ernst-Peter bildet sich zum Kaufmann und, wie bereits sein Vater, zum Posamentier aus und lernt Anna-My Jenzer, wie seine Mutter ebenfalls aus Madiswil, kennen und lieben.

Am 16. Oktober 1897 heiraten die beiden. Während Ernst-Peter mit seiner Posamenterie die Kunden des florierenden Geschäftes bereist, führt Anna-My den Laden in Glarus mit den verschiedenen Schneiderinnen, die den Glarner Damen zu schönsten Kleidern verhelfen.

Auch diese Generation Trümpy ist gesegnet mit Kindern. Leonie, Frieda, Erna, Ernst-Leonhard und Kurt bringen Leben ins Haus und fordern täglich die Aufmerksamkeit der Eltern. Noch ahnen sie nicht, dass zwei ihrer beiden Kinder sehr eigene Wege gehen werden.

Andrea Trümpy, die Enkelin von Ernst-Peter, erinnert sich noch heute sehr gut an die verrückte Tante Erna aus Amerika. «Als ich sie als junge Frau einmal in New York besuchte, stand sie rauchend und Whiskytrinkend in ihrer Küche und erzählte von ihrem interessanten Job als Fremdenführerin bei der UNO.» Erna lebte ein Leben, das im traditionellen Glarnerland schier unvorstellbar war. Aber sie faszinierte mit ihrer Lebensgeschichte und gab immer viel zu reden in der Familie Trümpy.

Auch Ernst-Leonhard schert sich nicht gross um die Gegebenheiten im Kanton. Als der Familie der Kragen platzt, legt ihm der Vater die Auswanderung nahe, was mit einem Geldbetrag unterstützt wird. Eine Begebenheit, die in dieser Zeit nicht selten vorkommt. Wer nicht pariert, soll auswandern. So reist Ernst-Leonhard Trümpy nach Südamerika und lebt sein Leben, fernab vom einengenden Glarnerland. Er stirbt am 18. März 1960 in Montevideo, ohne dass Andrea ihn jemals kennengelernt hat.

Posamenter Trümpy 1865 an der Kirchstrasse.

Anna-My und Ernst-Peter Trümpy-Jenzer.

Nouvéautés, Miederwaren, Handschuhe bei Trümpy & Cie. an der Hauptstrasse.

Von der Kirch- an die Hauptstrasse
Mit dem Umzug des Geschäfts von der Kirchstrasse an die Hauptstrasse 20, im Jahr 1905, ist ein weiterer Meilenstein in der Unternehmensgeschichte geschrieben. Das frei gewordene Lokal an der Kirchstrasse übernimmt im darauffolgenden Jahr Cousin Fritz mit seinem Comestibles- und Delikatessengeschäft. Die Familie wohnt aber weiterhin am Rathausplatz. Das älteste Kind von Ernst-Peter und Anna-My, Leonie, absolviert die Handelsschule in Neuenburg und übernimmt im Jahr 1944 das elterliche Geschäft. Als sie ihren Mann, einen Professor aus Wien, heiratet, zieht sie mit ihm nach Zürich. Vater Ernst-Peter reist nach wie vor mit den textilen Schmuckstücken und Anna-My arbeitet im Laden. Als Leonies Mann viel zu früh stirbt, steigt sie ins elterliche Geschäft in Glarus ein.

Die Wege kreuzen sich in Trogen
Der jüngste Bruder von Leonie, Curt, 1910 geboren, absolviert die Matura. Da dies im Kanton noch nicht möglich ist, besucht er dazu die Kantonsschule im appenzellischen Trogen.

Zu dieser Zeit weilt Pfarrer Bosshard, Pfarrer in einer grösseren Stadtzürcher Kirchgemeinde, mit seiner Familie und seinem «Pflegekind» Ruth Messikommer ferienhalber in Trogen. Ruth Messikommers Vater Caspar reiste schon vor seiner Hochzeit mit Ruths Mutter, Margaret Meister, regelmässig für das Schweizerische Landesmuseum nach Südamerika nach Iquitos in Peru. Auch als verheirateter Mann und Vater gehören diese weiten Reisen über den Atlantik zu seinem Beruf. Sein Ziel ist es, mit Frau und Tochter ganz nach Südamerika auszuwandern. Während Mutter und Tochter mit schon gepackten Koffern in der Schweiz auf seine Rückkehr warten, um danach alles hinter sich zu lassen, erkrankt Vater Messikommer an Beri-Beri, einer Mangelkrankheit, und stirbt noch auf der Überfahrt auf dem Schiff. Ehefrau und Tochter sind schockiert.

Das Schicksal schlägt bald darauf nochmals zu. Als Ruth acht Jahre alt ist, stirbt auch ihre Mutter. Das Mädchen kommt für ein Jahr zu seiner

Leonie Trümpy.

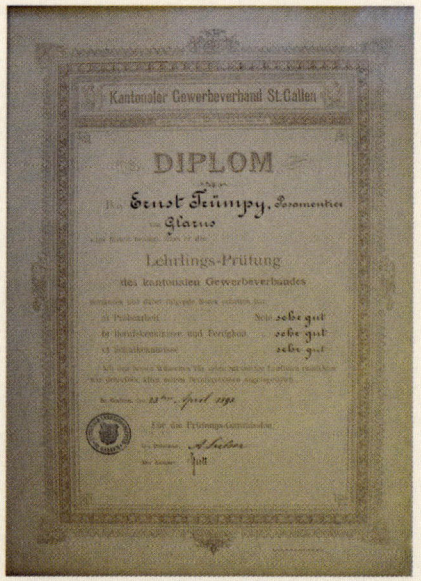

Diplom: Ernst Trümpy erhält 1893 das Diplom zum Posamentier.

Grossmutter, danach zu ihrem Vormund, Pfarrer Bosshard. Und so treffen sich die Wege der beiden jungen Menschen eines Tages in Trogen. Nach ihrem Schulabschluss besucht Ruth in Vevey die Dekorateurschule, schliesst diese nach zwei Jahren erfolgreich ab und zieht nach Paris. Dort bildet sie sich im Modezeichnen weiter und arbeitet als freischaffende Modezeichnerin für verschiedene Modeateliers. Ihre Liebe und das Flair für schöne Mode pflegt sie ihr Leben lang.

Zwei Generationen Frauen hinter der Ladentheke
Noch nicht ganz 20-jährig heiratet sie am 9. Juni 1933 Curt Trümpy. Elf Jahre später kommt die erste Tochter Monika, zwei Jahre später, die zweite Tochter Andrea zur Welt.
Ruth Trümpy-Messikommer arbeitet ab 1944 auch im Posamenter-Geschäft mit. Ihre Ausbildung ist Gold wert. Zusammen mit ihrer Schwägerin Leonie und der Schwiegermutter Anna-My führt sie das Geschäft

Erna, Ernst-Leonhard, Anna-My, Kurt, Leonie, Frieda und Ernst.

Ruth Trümpy-Messikommer.

Andrea Trümpy vor geschlossenen Fenstern des einstigen Familienunternehmens.

während vielen Jahren erfolgreich. Ruth erweitert nun das Sortiment mit zarter Damenunterwäsche und modischen Accessoires.
Die grosse Auswahl an Glarner Batik aus dem Holenstein in Ennenda ist sehr begehrt. Unzählige Stoffballen mit diesen bunten Stoffen sind im Lager gestapelt.
Die Familie lebt mit Hausangestellten, die für Haushalt und Kinder schauen, weiterhin im Eckhaus am Rathausplatz, wo Curt und sein Vater auch ihr Büro haben. Curt führt bedeutende Vertretungen für deutsche Unternehmen, wie Messerschmitt oder die Stahlbaufirma Noell in Würzburg und ist deshalb oft auf Reisen. Nach Möglichkeit reist Mutter Ruth mit, weiss aber immer den Spagat zwischen Familie, Ehemann und Posamenterie elegant zu bewältigen.

Das Flair zur Mode bleibt in der Familie
Die beiden Töchter wachsen im grossen Haus neben dem Rathaus auf. Während Andrea das Flair für die Mode von ihrer Mutter geerbt hat, orientiert sich Monika lieber anderweitig.
Andrea absolviert die Kaufmännische Lehre in Glarus und lässt sich anschliessend an der Werbefachschule SAWI zur eidg. dipl. Werbeas-

sistentin ausbilden. Um ihr angeeignetes Wissen umzusetzen, arbeitet sie nach einem Jahr in Genf, in Zürich.

1971 heiratet Andrea Christoph Kreis. Drei Jahre später steht auch sie im Posamenter Trümpy hinter dem Ladentisch und kennt sich in allen Modebereichen bestens aus. Zu dieser Zeit liegen auch Ballen schönster Seide im Geschäft. So lassen sich die Gattinnen von Ärzten und Juristen für die Jahresessen feinste Kleider nähen. Die Schneiderinnen bei Posamenter Trümpy wissen mit diesen edlen Stoffen umzugehen und Mutter und Tochter achten peinlichst genau darauf, dass keine der Damen den gleichen Stoff auswählt wie eine andere Dame.

Andrea lebt mit ihrer Familie im gleichen Haus wie ihre Mutter und bleibt ihrer Arbeit treu, auch als sie Mutter von zwei strammen Buben wird.

Ein Frauenverdienst mit schwieriger Zukunft

Auch die vierte Generation Trümpy kauft Bänder und Spitzen bei Bally-Band, Knöpfe im Aargauischen und passt das Angebot den Wünschen der Kundschaft an. So kommt nun auch exklusiver Modeschmuck in die Auslage, feinste Seidentücher von Hermès oder mit Spitzen besetzte Unterwäsche.

Da der Laden aber über Generationen immer ein Frauenverdienst ist, der einen zusätzlichen Verdienst von den Männern als Rückhalt hat, legen sich nun dunklere Wolken über den Kleingeldhimmel in der Kasse des Posamenter Trümpy.

Der Preiszerfall auf dem Kleidermarkt bringt es mit sich, dass immer weniger Frauen ihre Kleider selber nähen oder nähen lassen. Auch die edlen Badekleider, die ins Sortiment kommen, vermögen den Umsatz nicht mehr in die Höhe zu treiben. Wirtschaftsflaute, Grossverteiler mit Mercerie-Abteilungen und Fabrikläden beschleunigen alles. So entscheidet sich Andrea, anstatt Posamenten in Zukunft Kleider der Marke Benetton zu verkaufen. Was sich zuerst positiv entwickelt, hat aber längerfristig aus Qualitäts- und geschäftspolitischen Gründen keine Zukunft. 1992 schliesst Andrea Trümpy die Ladentüre des Posamenters und beendet, wie viele andere Ladengeschäfte in dieser Zeit auch, ein Stück Geschichte in der Glarner Ladenwelt.

Radio Noser

VOM ELEKTRISCHEN HEIZÖFELI BIS ZUR MODERNEN HIGHTECH-ANLAGE

Wo heute alles rund um die Unterhaltungselektronik angeboten wird, begann 1929 in Oberurnen mit einem einfachen Elektriker-Geschäft. Aber der Name ist immer noch der gleiche: Radio Noser.

Der junge Meinrad Noser wächst Anfang des 20. Jahrhunderts in Oberurnen auf. In seine Jugendzeit fällt der Einzug der Elektrik. Die Bahn ins Glarnerland dampft zwar noch mächtig, aber die Strassenbeleuchtungen in den Dörfern werden Stück für Stück elektrifiziert, und auch in den Haushalten hält der Strom langsam Einzug. Elektrische Heizgeräte wärmen Stuben auf und in der Küche kann die Hausfrau einfach den Schalter umdrehen, und schon wird die Herdplatte warm. Das aufwendige Einfeuern fällt weg.

Meinrad findet Freude an diesem neuen Element. 1929 eröffnet er an der Landstrasse in Oberurnen sein eigenes Geschäft. Dort repariert er Elektrogeräte und nimmt Aufträge für die Elektrifizierung von Häusern und Fabriken entgegen.

Zu dieser Zeit arbeitet Marie Geu in der Seidenweberei Spitz in der Gant in Oberurnen. Zusammen mit anderen jungen Frauen ist sie aus dem Wägital gekommen, um in der Fabrik ennet dem Bergzug und dem Obersee Geld zu verdienen. Meinrad und Marie begegnen sich. Eine Liebe entsteht und bald wird geheiratet. Nun führen sie das Geschäft gemeinsam. Im Dorf trägt Meinrad den Übernamen Ampère. Und zu seinem Geschäftsmotto macht Meinrad den Satz «Meinradio – Deinradio», denn in seinem Schaufenster stehen die ersten Radios, die es zu dieser Zeit gibt.

Bald beleben Kinder das Haus. Rosmarie, Armin, Lilly und Erwin heissen die vier jüngsten Nosers. Die zwei Buben und zwei Mädchen machen das Familienglück perfekt. Sie besuchen die Schule im Dorf, Armin dann die Klosterschule in Näfels.

Als eine von Armins Schwestern eines Tages mit einem gelben Rock zur Schule geht, erhält sie den Übernamen «Nullleiter». «Der Nullleiter ist jeweils gelb – und davon ist der Übername abgeleitet», erklärt Armin Noser mit 91 Jahren gerne.

Amerika als Ziel

Vater Meinrad plant, sein Elektro-Geschäft in späteren Jahren an seine beiden Söhne zu übergeben. Während sich der jüngere, Erwin, schnell als Handwerker entwickelt, ist Armin nicht glücklich über diesen Wunsch. Er hätte sich lieber als Pfarrer oder Lehrer gesehen. Aber Vater Meinrad hat kein Einsehen. Armin muss Elektro-Installateur werden. Schweren Herzens absolviert er die Lehre im elterlichen Betrieb.

Nach erfolgreichem Abschluss arbeitet er noch ein Jahr im elterlichen Geschäft, entschliesst sich dann aber zu einer zweiten Ausbildung. In Zürich wird er Radiotechniker und findet nun Gefallen an seinem neuen Beruf. In dieser neuen, zukunftsträchtigen Welt, rund um die Radiotechnik, sieht er seine Zukunft.
Armin bildet sich auch in die kaufmännische Richtung weiter und findet 1949 einen Job bei einer Zweigniederlassung der amerikanischen Unternehmung General Electric in Zürich. Sein grosser Ehrgeiz und seine Zuverlässigkeit bringen es mit sich, dass er ein Stellenangebot in dieser Firma in Amerika erhält. Der junge Glarner freut sich auf diese grosse Reise, kündigt den Arbeitsvertrag in Zürich und bereitet sich intensiv auf den neuen Lebensabschnitt vor. Ein grosses Abenteuer steht ihm bevor.
Aber es kommt anders. Der Kontaktmann von General Electric in Amerika wird auf einer Farm von einem angreifenden Stier tödlich verletzt. Das ganze Vorhaben wird abgesagt. Armin Noser bleibt in der Schweiz.
Trotz dieses Rückschlags schaut er nach vorne und ist zuversichtlich. Er lebt weiterhin in Zürich und beginnt mit dem Verkauf der neuesten

Meinrad und Marie Noser-Geu, die Eltern von Armin Noser.

Dampfbügeleisen, Ventilatoren und Heizlüfter. Das Geschäft floriert und Armin wird ein tüchtiger Geschäftsmann. So nimmt er langsam auch das Glarnerland als Verkaufsgebiet ins Auge. Bald verkauft er diese neumodischen Elektrogeräte auch im Kanton Glarus, auf eigene Rechnung.

Das eigene Geschäft
1952 übernimmt Armin den Geschäftszweig «Radio» im elterlichen Geschäft in Oberurnen, das inzwischen an die Adlerstrasse disloziert ist. Dort erweitert er die Ausstellungsfläche und wird begehrter Fachmann, wenn es um die neuesten Radiogeräte geht. So stehen die Marken Telefunken, Grundig und Saba im Schaufenster, und manch ein Glarner drückt sich beim Betrachten die Nase an der Scheibe platt.
Ein Jahr später eröffnet Armin an der Ziegelbrückstrasse in Niederurnen, im Haus von Hemden Pfister, einen Filialbetrieb. Damit er immer auf dem neuesten Wissensstand ist, bildet er sich fortlaufend weiter und erhält 1957 die Fernseh-Installations-Konzession der PTT. Ein Zusatz, der sich für die Zukunft als sehr wichtig erweist.

Ein Blick in die Elektro- und Radio-Werkstatt des Vaters.

Vor lauter Radio und Elektrik findet Armin kaum Zeit, um am gesellschaftlichen Leben teilzunehmen. Auch mit 25 Jahren zeigt er Tanzveranstaltungen und Frauengeplänkel eher die kalte Schulter. Bis er eines Tages in einem Haushalt in Mollis der jungen Lina ein Grundig-Radiomöbel vorführen muss. Ahnungslos fährt er nach Mollis und trifft neben Lina auch deren Freundin Margrith Marti an. Margrith ist bei den Grosseltern in Schwanden aufgewachsen, Damenschneiderin und besitzt bereits ein eigenes Haute-Couture-Geschäft in Mollis. Die charmante junge Glarnerin verdreht dem Radiotechniker die Augen und schon ist es passiert.
Bald sind sich die beiden sicher: «Wir wollen die Zukunft gemeinsam verbringen.» Am 15. August 1958 läuten in Oberurnen die Hochzeitsglocken.
Nun leben die beiden abwechslungsweise bei den Eltern in Oberurnen und in Mollis, denn Armin plant sein eigenes Geschäft an der Bahnhofstrasse in Niederurnen. Am 5. September 1959, genau am 30. Geburtstag von Margrith, öffnen die Türen von Radio Noser an der Bahnhofstrasse 7.

Margrith und Armin Noser leiten das Unternehmen von 1952 bis 1994.

Der Wunsch vom eigenen Geschäft ist perfekt geglückt. Das junge Paar begrüsst die Kunden strahlend.

Damenkleider, Radios und ein Töchterchen
Trotz des eigenen Unternehmens bleibt Margrith ihrem Beruf vorerst treu. Im eigenen Atelier, nun ebenfalls in Niederurnen, näht sie seidenzarte Damenkleider aus Stoffen, die Frauenherzen höherschlagen lassen. Mit den Elektrogeräten kann sie sich nicht wirklich anfreunden, steht ihrem Mann aber immer gerne zur Seite.

Drei Jahre nach der Hochzeit kommt Töchterchen Ursi auf die Welt. Margrith hat nun einen weiteren Spagat zu bewältigen. Mutter, Schneiderin, Ehefrau und Elektrogeschäft – das alles fordert sie enorm. Aber die Liebe zum Beruf und ihre grosse Flexibilität bringen es mit sich, dass sie alles bestens bewältigt.

Ursi wächst in einer behüteten Welt auf und findet immer mehr Gefallen an den vielen elektrischen Apparaturen, die im elterlichen Betrieb verkauft werden. Sie ist gerne in der Werkstatt und schaut Vaters Angestellten über die Schulter. Auch das Geschäft, das in ihrem Geburtsjahr in Glarus eröffnet wurde, fasziniert sie. Dieses wird zum eigentlichen Vorzeige-Laden im Bezug auf Unterhaltungsgeräte.

Die Faszination des Fernsehens hat nun auch die hintersten Teile des Glarnerlandes erreicht. Die unzähligen Antennen, welche die Hausdächer schmücken, repräsentieren den Einzug des Fernseh-Zeitalters. So gibt es unzählige Winterabende, an denen die Angestellten von Radio Noser auf Balkone und Dächer klettern, den Schnee von den Antennen schütteln oder provisorische Antennen montieren, weil das Fernsehgerät als Weihnachtsgeschenk angeschafft wurde. Im Frühling und Sommer werden dann diese modernen «Christbäume» definitiv montiert und angeschlossen.

Die dritte Generation tritt an
Armin Noser bildet fast vom ersten Tag an unzählige Lehrlinge aus. Die Offiziersschule, die er 1951 in Bülach durchlaufen hat, bietet eine optimale Grundlage für die Führung eines grösseren Unternehmens mit Lehrlingen. So steht auch Rolf Giger an der Werkbank, schraubt und tüftelt an neuesten Geräten herum, repariert und installiert.

Im Alter von 18 Jahren spürt Ursi, «das ist mein Mann». Aber noch ist die Liebe einseitig. So trennen sich ihre Wege. Ursi wird Kauffrau, arbeitet anschliessend im Marketing bei Estée Lauder und bei einem Lautsprecherhersteller in der Westschweiz.

Bei einem grossen Gala-Abend einer Einkaufsgesellschaft, der Radio Noser angeschlossen ist, tanzen Rolf und sie die halbe Nacht. Sie hofft schon. Aber es bleibt bei einer guten, einfachen Freundschaft.

1988 kommt die junge Glarnerin ins elterliche Geschäft zurück, wird Mitaktionärin und arbeitet während vier Jahren mit Rolf zusammen, bis eine Geschäftsreise nach Florida alles verändert. Als Geschäftspartner reisen sie ab, als Paar kommen sie zurück.

Beide hatten sie etwas Herzklopfen, ihre Liebe Armin Noser zu gestehen. Rolf weiss, wenn diese Liebe scheitert, ist er seinen Job in diesem Unternehmen los. Aber die Freude der Eltern ist gross. Sie schliessen den Schwiegersohn ins Herz und sehen in ihm einen optimalen Nachfolger.

Ursi und Rolf Giger-Noser im gestylten Verkaufslokal von Radio Noser.

Armin Noser ist leidenschaftlicher Sammler alter Elektro-Geräte.

Neuorientierung

In der Zwischenzeit ist die Belegschaft auf rund 30 Personen angestiegen. Zehn Service-Fahrzeuge mit dem Schriftzug Radio Noser AG sind unterwegs und leisten den gewünschten Kundendienst.

Mit dem Einzug der CDs in die Unterhaltungselektronik hat sich auch das Musikverhalten in den Restaurants verändert. Die Musikautomaten spielen nur noch selten. So verkauft Armin Noser den gesamten Automatenpark. Auch die Vinyl-Langspielplatten verschwinden aus dem Sortiment.

Als die Landsgemeinde im Mai 1993 den Umbau des Hauses «Hug», in dem Radio Noser in Glarus untergebracht ist, beschliesst, ziehen sie für ein Jahr in ein Provisorium. Ende Oktober 1994 feiern sie die Wiedereröffnung.

Im gleichen Jahr übernehmen Ursi und Rolf Giger-Noser das Geschäft des Vaters. Die beiden ergänzen sich bestens und bringen frischen Wind ins Geschäft. Vater Nosers oberstes Ziel war es immer, Unterhaltungselektronik auf höchstem Niveau anzubieten. Dieser Linie bleibt auch die nächste Generation treu. Sie legen grossen Wert auf Schweizer und europäische Technologien mit Marken wie JMC, Piega, B&O oder Metz.

Während Armin Noser in die Nachbarschaft umgezogen ist, wohnt nun die dritte Generation im oberen Stock des Geschäftshauses. Die beiden Töchter Carla und Neva bringen noch mehr Leben in den Alltag.

Der Druck, den Grossverteiler und Online-Anbieter auf Detaillisten ausüben, spürt auch Radio Noser. Und so will es der Zufall, dass Rolf Kohler, Inhaber von Elektro Bernegger in Glarus, eine Wendung in die Geschichte bringt. Sein Jugendtraum war es schon immer, aktiv in die Unterhaltungs-Elektronik einzusteigen. Unter der Bedingung, dass Kohler die gesamte Belegschaft von Radio Noser übernimmt, ist der Handel bald abgeschlossen. Ende 2016 heisst der neue Inhaber Rolf Kohler. Rolf Giger-Noser bleibt dem Unternehmen als Projektleiter erhalten und bringt seine Ideen gerne mit ein.

Armin Noser wähnt sich glücklich über diese Lösung. Während er im ersten Moment befürchtete, sein Lebenswerk gehe jetzt zu Ende, sieht er, dass sein erfolgreiches Unternehmen gut gerüstet in die Zukunft geht.

**Tschudi
Innendekoration**

Jakob Tschudi, Sattler u. Tapezierer

BODENBELÄGE UND VORHÄNGE AUS SCHWANDEN

Zu Beginn des 20. Jahrhunderts stellt Jakob Tschudi in Schwanden Pferdegeschirr und Saumzeug her. Heute führt Enkel Jakob zusammen mit seiner Frau Lisbeth das Unternehmen, das sich stark verändert hat.

Schwanden, 1913. Im Eckhaus an der Hauptstrasse im Grund führen Jakob und Marie Tschudi-Stüssi ihr eigenes Geschäft. Der gelernte Sattler näht Pferdegeschirr, repariert Schülertheks und Rucksäcke und fertigt selber Bettinhalte an.
In den 20er-Jahren entwickeln sich die Bettinhalte von Tschudi zum Qualitätsbegriff. Schwere Rosshaarmatratzen und Untermatratzen mit Spiralfedern werden nach Mass hergestellt. Regelmässig bringen Kunden ihre ausgeleierten Matratzen ins Geschäft, um das Rosshaar aufzuarbeiten.
Dazu werden die Nähte aufgetrennt und die zerdrückten Haare in einer Maschine aufgelockert. Auch die Matratzen aus dem Sanatorium in Braunwald kommen zu Tschudis. Der Enkel erinnert sich heute noch, wie er als kleiner Bub mithelfen musste. «Das hat mich jeweils fürchterlich geekelt, diese Haare in die Zupfmaschine zu legen.» Den Staub von damals hat er bis heute nicht vergessen.
Dank der regen Bautätigkeit im Glarner Hinterland sind Bodenbeläge begehrt. So beginnt er auch Böden zu verlegen und führt dabei ein absolut neues Produkt ein. Anstelle von Holzdielen setzt er Linoleum ein. Vor allem die Hausfrauen freuen sich an diesem neuen Produkt, denn das mühsame Spändeln der Holzböden entfällt. Sie können nun einfach über den Boden wischen, wachsen und polieren. Und schon sieht er wieder aus wie neu.

Erweiterung
Um das Angebot im Laden zu erweitern, beginnt Marie mit dem Nähen von Vorhängen. Ehemann Jakob misst bei der Kundschaft die Fenster und Wände aus, und bringt die detaillierten Unterlagen nach

Hause ins Geschäft, wo sich Marie an die Arbeit macht. Ihre handwerkliche Begabung bringt es mit sich, dass die Nachfrage immer grösser wird. Das Sortiment wird fortlaufend erweitert und im Laufe der Zeit wird der Platz im Haus eng. Zudem möchte Jakob Tschudi ein Lager an Möbeln und Teppichen anlegen, das kürzere Lieferzeiten ermöglicht. Auch träumt er von einer kleinen Ausstellung, um der Kundschaft die Neuheiten noch besser präsentieren zu können.

1934 entscheidet er sich, gegenüber des Geschäftshauses eine neuzeitliche Werkstatt mit genügend Platz für eine kleine, integrierte Ausstellung zu bauen. In den neuen, hellen Räumen dieses Gebäudes kann er nun mit seinen Angestellten jedes Arbeitsstück sorgfältig von Hand herstellen und in den Schaufenstern präsentieren. Mit seiner gewinnenden Art bedient er hier die Kundschaft und schliesst manch einen Kaufvertrag ab.

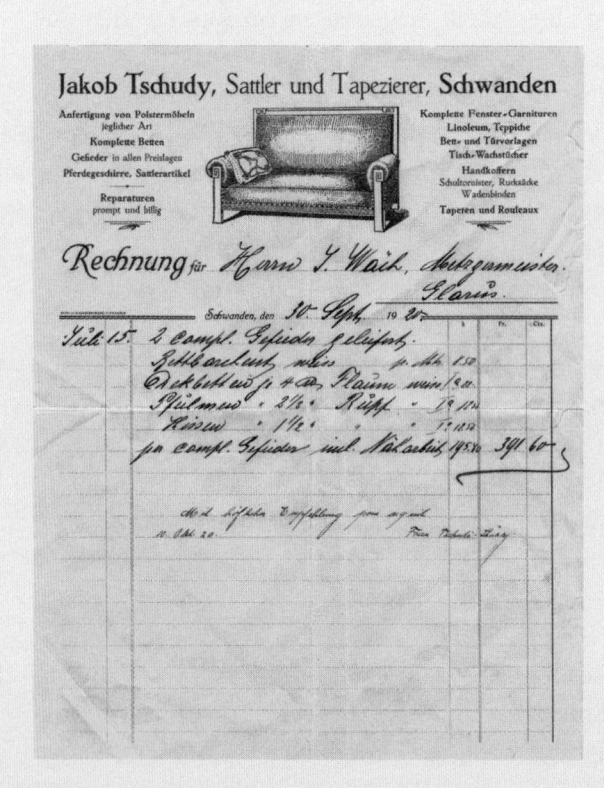

Rechnung von 1920 für zwei komplette Gefieder samt Deckbetten, Pfulmen Kissen.

Jakob und Marie sind inzwischen stolze Eltern von vier Kindern. Mathis, Maria, Veren und Friedi bringen Leben ins Haus. Alle müssen in der Freizeit mithelfen und lernen schnell, dass man mit einem eigenen Geschäft auch bei Ladenschluss nicht Feierabend hat.

Vor allem Mathis steht regelmässig in Vaters Werkstatt und packt mit an. So ist es nicht verwunderlich, dass er die Ausbildung zum Tapezierer/Dekorateur abschliesst. Nach seiner Ausbildung, die er in St. Gallen geniesst, arbeitet er bei Muralto in Zürich, einem renommierten Unternehmen für Inneneinrichtungen.

Im gleichen Geschäft arbeitet Trudi Stauffacher. Sie ist in Zürich aufgewachsen, in ihrem Heimatschein ist aber das glarnerische Matt als Heimatort vermerkt. Trudi lernt Tapeziernäherin, ein anspruchsvoller

Noch ist die Werkstatt ohne Wohngeschoss.

Beruf, der zu dieser Zeit eine gute Zukunft verspricht. Tapisserien, also Wandverspannungen aus zarten Stoffen, sowie Vorhänge sind in den feinen Wohnhäusern am Züriberg gefragt.

Zwischen Trudi Stauffacher und dem Schwander Mathis Tschudi beginnt es zu knistern, eine zarte Liebe entsteht und am 10. November 1950 geben sich die beiden das Ja-Wort in der Kirche in Matt. Frisch verheiratet ziehen sie nach Schwanden, wo Mathis im elterlichen Betrieb mitarbeitet.

Die zweite Generation tritt an

Bald wird mehr Platz nötig. So setzt Mathis Tschudi ein Wohngeschoss auf die Werkstatt auf der gegenüberliegenden Strassenseite und zieht dort ein. Die junge Familie übernimmt das Geschäft 1954.

Jakob und Marie Tschudi, die Gründer des Unternehmens.

Trudi Tschudi-Stauffacher näht wie ihre Schwiegermutter prachtvolle Vorhänge, Duvets und Kissen, die sie mit Daunen und Federn selber füllt.

Die Kundschaft weiss ihr Können zu schätzen und lässt sich gerne von ihr im Laden beraten. Im Atelier im oberen Stock näht sie dann die Vorhänge, teilt die Falten ein und versieht sie mit den entsprechenden Vorhangringli.

Mathis ist der geeignete Geschäftsmann. Er weiss, wie man verkauft und die Waren an den Mann oder die Frau bringt. Sein Talent bringt es mit sich, dass er ab und zu Geschäfte abschliesst, ohne seine Frau zu fragen, ob sie überhaupt noch Kapazitäten zum Nähen hat. So ist Trudi oft sehr eingespannt im Geschäft. Sie weiss aber Familie und Arbeit unter einen Hut zu bringen. Die beiden Kinder, Jakob und Christina, erleben die gleiche Situation wie ihr Vater schon: Feierabend ist ein Fremdwort und mithelfen gehört zum Alltag.

Der Neubau an der Hauptstrasse ist bezugsbereit.

Das Sortiment an Bettwaren wird im neuen Laden erweitert.

Zurück ins Glarnerland

Für Jakob ist bald klar, dass er in die Fussstapfen des Vaters und Grossvaters treten wird. So lernt er in Wädenswil Tapezierer/Dekorateur und arbeitet, wie bereits sein Vater, später in Zürich bei Muralto. Dort hat er die Möglichkeit, für mehrere Wochen nach London zu reisen, um Wandverspannungen zu montieren. Diese sehr aufwendigen Wandverkleidungen machen ihm Spass. So werden zuerst Holzlatten auf die Wand aufgebracht, mit dickem Molton bespannt und dann mit dem vernähten Stoff überspannt. Eine Arbeit, die sehr genau ausgeführt werden muss, denn die Muster müssen perfekt vernäht und die Stoffe millimetergenau festgemacht sein.

Seine Freude an Wandverspannungen ist gross. Wenn er aber der Kundin nach einer Woche Arbeit sein Werk präsentiert, und sie sich äussert: «Der Stoff gefällt mir nun doch nicht», dann ist er frustriert und enttäuscht. Solche Situationen sind aber selten. Oft hat er mit Damen zu tun, die bei einer reichen Freundin eine Wandverspannung gesehen haben, die sie nun auch haben möchten. So sieht Jakob in die unterschiedlichsten Welten und lernt immer wieder dazu.

Als Mitte der 70er-Jahre die grosse Ölkrise kommt, sehen sich auch die reichen Haushalte am Züriberg gezwungen, den Gürtel etwas enger zu schnallen. Die luxuriösen Ausstattungen werden immer rarer.
Im heimatlichen Schwanden, im elterlichen Unternehmen, ist man froh, wenn der Sohn wieder zurückkommt und mithilft. So beschliesst er, Zürich den Rücken zu kehren.

Lehrtöchter erlernen das vielseitige Handwerk
Jakob ist begeisterter Bergsteiger. Kurz vor seinem 20. Geburtstag fährt er in ein Bergsteigerlager nach Arolla. Auch die Tochter von Konditor Aebli in Glarus, Lisbeth, steigt in Glarus in diesen Zug. Die gelernte Floristin hat die gleiche Leidenschaft und somit auch das gleiche Ziel wie Jakob. Bergsteigen verbindet und so finden sich die beiden und werden bald ein Paar.

Lisbeth und Jakob Tschudi strahlen in ihrem neuen Geschäft.

Nach wenigen Jahren entscheidet sich Lisbeth für eine Zusatzlehre zur Tapeziernäherin und tritt diese bei ihrer zukünftigen Schwiegermutter an.

1981 heiratet Lisbeth ihren Jakob und arbeitet weiterhin im Familienbetrieb in Schwanden mit. Bald erfüllt Kindergeschrei das Haus. Nach Christian erblicken Kathrin, Fränzi und Daniel das Licht dieser Welt. Der Platz wird langsam eng im Haus und so ziehen die Grosseltern, Mathis und Trudi, in ihr neues Eigenheim im Buchen.

Aber auch die junge Familie möchte ihren Alltag etwas vereinfachen und zieht in die Wohnung oberhalb der Werkstatt ein. Lisbeth kann nun im oberen Stock für die Kinder da sein und ohne Probleme im Erdgeschoss die Kundschaft bedienen.

Sie näht Vorhänge jeglicher Art und bildet regelmässig Lehrtöchter aus. In den drei Generationen haben Tschudis rund 20 Lehrlinge ausgebildet.

Während sich die Schwiegermutter aus dem Geschäft zurückgezogen hat, ist Vater Mathis noch aktiv. Er betreut seine Kunden gerne weiter, plant aber die Geschäftsübergabe an seinen Sohn. Jakob eilt es hingegen noch nicht. Zu gut gefällt ihm die Situation, denn vor allem den administrativen Arbeiten sieht er mit Bangen entgegen. Und auch Lisbeth träumte nie vom eigenen Geschäft.

Der ersehnte Neubau
Eines Tages stellt ihn Vater Mathis vor die Entscheidung: «Jetzt muss es sein.» So übernehmen Lisbeth und Jakob Ende 1985 das Geschäft. Zur gleichen Zeit sehen sie, dass der Platz immer weniger wird. Sie mieten ein Lager beim Strassenverkehrsamt und überlegen, wie sie

---

Die Zukunft
Zu Grossvaters Zeiten waren die Leute noch nicht so mobil. Diese grosse Veränderung sowie der Internethandel erschweren das Leben der Detaillisten sehr.

---

einen Anbau optimal umsetzen können. Als der Bahnübergang direkt neben ihrem Geschäft aufgehoben wird, glauben sie an die Vergrösserung. Aber daraus wird nichts, die Schrebergärten müssen bleiben, Tschudis haben das Nachsehen. Unzählige Ideen entwickeln sie, planen und hoffen.

Und dann, als der Kanton beschliesst, die Hauptstrasse zu verbreitern, kommt der Traum in greifbare Nähe. Zwei Häuser an der Hauptstrasse werden abgerissen, Tschudis kaufen den Bauplatz und erstellen ein Geschäftshaus, das dem Ortskern von Schwanden auch optisch entspricht.

Im April 1996 öffnen die Türen des Geschäftes zum ersten Mal. Die Ladenfläche ist rund dreimal grösser und bietet Raum für eine Bettwaren-Ausstellung, ein riesiges Sortiment an Vorhangmustern, Deko-Artikeln, Hergiswiler Glas, Bettwaren und Matratzen.

Die Grossfamilie zieht in die neue Wohnung im ersten Stock ein.

Während die Kinder heranwachsen, ist Lisbeth für ihre Kundschaft da und hilft, wo sie kann. Wandverspannungen sind nur noch selten gefragt. Aber die Arbeit geht auch Jakob nicht aus. Er hat sich in der Zwischenzeit auf Nischenprodukte spezialisiert und hat dank seiner Flexibilität immer genügend Arbeit.

Die vierte Generation kommt in Sichtweite. Der älteste Sohn, Christian, lernt Innendekorateur mit Fachrichtung Bodenbeläge. Ober er dereinst die Familientradition weiterführen wird, wird bald entschieden.

Warenhaus Schubiger

SCHUBIGER GLARUS – DAS KLEINSTE WARENHAUS EUROPAS

In den Räumen, wo heute medizinische Hilfe angeboten wird, war einst das kleinste Warenhaus Europas beheimatet. Ein Familienunternehmen, das sich über 130 Jahre auf dem Markt wacker behauptete.

Die Häuserreihen strahlen in neuem Licht. Der Brand von Glarus ist noch in vielen Köpfen, aber das neue Glarus vermittelt Hoffnung und Zuversicht. Inmitten der neuen Häuserreihe an der breiten, modernen Hauptstrasse eröffnet Heinrich Fehr 1882, direkt neben Tabak Winteler, auf rund 100 Quadratmetern sein Mercerie-Bonneterie-Geschäft.
Zwölf Jahre später ziehen Fehrs mit dem Laden an die Hauptstrasse 48 um. Im Erdgeschoss befindet sich der Laden, mit einem nun erweiterten Sortiment, im oberen Geschoss richten sie ihre Wohnung ein. Gerne stehen sie auf dem Balkon, lassen den Blick über die belebte Hauptstrasse gleiten und freuen sich am geschäftigen Treiben, das zu dieser Zeit in Glarus herrscht. Sie haben die strengen Zeiten des Ersten Weltkrieges miterlebt und hoffen nun auf eine friedliche Zukunft, obschon sich die nächsten dunklen Wolken am Polithimmel langsam abzeichnen.
Als Heinrich Fehr eines Tages krank wird, verbreitet sich das hartnäckige Gerücht, es gehe mit ihm abwärts. Aus einem peinlichen Versehen erscheint ganz überraschend in der Zeitung seine Todesanzeige. Anstatt sich aufzuregen, lässt er nach seiner Genesung die folgende Annonce erscheinen: «Teile der Tit. Einwohnerschaft von Glarus und Umgebung höflichst mit, dass ich nicht gestorben bin und mein Ableben auf einem Irrtum beruht. Ich empfehle meiner verehrten Kundschaft weiterhin mein grosses Assortiment an Tricotagen, Strümpfen, Socken und Ersatzfüssen mit und ohne Naht.» Er bewirbt weiter, «In meiner Kosmetikabteilung finden Sie Cavalier, die bewährte Wichse für schneidigen Schnurrbart, in Dosen von Stärke I und II mit überraschender Wirkung. (Bei Nichterfolg Geld zurück).»
Heinrich Fehrs Vetter, Franz Schubiger, der im elterlichen Kaufhaus Schubiger in Näfels aufgewachsen ist und in Wetzikon lebt, zeigt Interesse am Laden und übernimmt 1926 das Geschäft. Franz ist verheiratet und hat drei fast erwachsene Kinder: Walter, Frank und Elsi.
Walter und Frank zieht es in jungen Jahren in die Fremde. Nach einem Sprachaufenthalt in Neuenburg reisen die beiden nach Amerika, dem Land der grossen Träume. Doch als 1930 die Nachricht kommt, dass ihr Vater erkrankt ist, kehren sie zurück und führen das elterliche Geschäft an der Hauptstrasse 48 gemeinsam. Sie modernisieren den Innenausbau des Geschäftes und erweitern die Schaufensterfront an der Hauptstrasse.

1952 wird der Garten an der Kirchstrasse überbaut, und so erhält das Geschäft zusätzliche Verkaufsflächen.

Schubigers bauen das Sortiment kontinuierlich aus, passen es den Modeströmungen an und bilden damit einen immer wichtigeren Einkaufsmittelpunkt in Glarus.

Chörbli-Buebe

Inzwischen ist der Zweite Weltkrieg ausgebrochen. Die junge Herlinde aus Lustenau sucht die sichere Schweiz auf und arbeitet in Glarus. Walter Schubiger ist geschieden und steht mit seiner kleinen Tochter Eveline alleine da. Er lernt die Österreicherin kennen und sieht in ihr seine zukünftige Partnerin, die ihm hoffentlich weitere Kinder schenkt und der kleinen Eveline eine gute Mutter sein könnte. Die beiden hei-

Fehr, später Schubiger an der Hauptstrasse 48 in Glarus.

raten und Herlinde schenkt ihm im Zweijahres-Rhythmus drei Buben. 1949 erblickt der kleine Walter das Licht dieser Welt, 1951 Peter und Roland macht 1953 das Trio perfekt. Die Buben tollen in den oberen Etagen durchs Haus, während Vater Walter und Onkel Frank unten den Laden führen. Kaum sind die Buben etwas grösser, ist auch Mutter Herlinde wieder im Laden anzutreffen.

Roland ist gerade mal sieben Jahre alt, als Onkel Frank stirbt. Damit das Geschäft wie bis anhin weitergeführt werden kann, tritt Mutter Herlinde in die Gesellschaft ein.

1967 ruft die Möbelabteilung nach neuen Verkaufsflächen. Den bestehenden Lokalitäten wird das Parterre und der erste Stock des vis-à-vis gelegenen Gebäudes der Basler-Versicherung angegliedert. Und 1969 nimmt Walter seine letzte Etappe in Angriff. Die Lagerräume im

Walter, Frank und Elsi, die jüngsten Schubigers Anfang des 19. Jahrhunderts.

Eckhaus werden in moderne Verkaufsräume umgewandelt und baulich mit den übrigen Lokalitäten verbunden. Damit erhält auch die Schaufensterfront ihr heutiges Aussehen.

Aber das Schicksal meint es nicht sehr gut mit der Familie. Nur wenige Tage nach der Eröffnung der neuen Verkaufsräume stirbt Walter Schubiger an einem Herzinfarkt und hinterlässt drei Buben, die ihren Vater noch gebraucht hätten. Nun müssen die Buben noch mehr mithelfen. Regelmässig sind sie als «Chörbli-Buebe» im Einsatz. Die Idee, die Vater Schubiger aus Amerika mitbrachte, wird umgesetzt: Während der Weihnachtszeit erhält jeder Kunde beim Eingang ein Körbli, das eine Verkäuferin oder eben die Schubiger-Buben bis zur Kasse nebenhertragen, während der Kunde sich bedienen lässt. An der Kasse steht «Rappen Elsi» Müller, wie man die Frau Müller liebevoll nennt, macht die Abrechnung und verpackt den Einkauf zu schönen Geschenkpäcklein.

Walter Schubiger verstirbt unverhofft und hinterlässt drei Buben.

Herlinde Schubiger anlässlich ihres 80. Geburtstages.

Walter, Peter und Roland (von links) sind der Stolz der Eltern.

Eine sichere Stütze für die Witwe Schubiger ist der Prokurist Joseph Schwitter, er hilft ihr, wo er nur kann. So wagt Herlinde Schubiger den Schritt zur ersten Erweiterung des Familienunternehmens. Die Tochterfirma Rebusca AG mit Sitz in Glarus und einem Textilgeschäft im Mercato Cattori in Losone wird gegründet.

Die dritte Generation Schubiger ist mitten im Studium, als Walter junior 1973 die Verantwortung für das Familienunternehmen übernimmt.

Die Mutter der drei Schubiger-Söhne ist in der Zwischenzeit zurück in ihre Heimat, nach Lustenau gezogen, wo sie 1973 Hans Sperger heiratet. Sie weiss das Geschäft in Glarus in guten Händen und ist froh, wieder etwas mehr Zeit für sich und ihren neuen Partner in Anspruch nehmen zu können.

... dr Plausch am Poschtnä

Um die Verantwortung untereinander aufzuteilen, entscheiden sich die drei jungen Schubigers 1977, dass sie gemeinsam ins Geschäft einsteigen. So wechseln sie sich im Unternehmen ab. Studiert Walter, ist Roland im Geschäft – fordert die HSG Roland, führt Walter in Glarus den Laden. Peter ist Architekt und so planen die drei einen Um- und Ausbau. Nun findet das Möbel-Sortiment, das bis anhin im vis-à-vis gemieteten Baslerhaus ausgestellt war, im neu umgebauten 1. Stock Platz. «Schubiger ... dr Plausch am Poschtnä», heisst der neue Slogan. Hier entsteht auch ein Bistro, auf der halben Etage im Erdgeschoss richtet sich eine Interdiscount-Filiale ein, mit dem Beauty-Free die erste Discount-Parfümerie im Kanton, Mister-Minit sowie eine Chemische Reinigung im Erdgeschoss und VIP-Travel im 1. Stock. Vielen Glarnerinnen und Glarnern ist bis heute der lustige «Schubi», der auf allen Inseraten Platz fand, noch in bester Erinnerung.

Roland und Ruth Schubiger in der Kleiderabteilung.

Da die Grossverteiler noch vorwiegend Lebensmittel anbieten, kann die Kundschaft vom breiten Non-Food-Sortiment bei Schubiger profitieren.

101-Jahr-Schubiläum

1985 trennen sich die geschäftlichen Wege der drei Brüder. Roland führt das Unternehmen nun zusammen mit seiner zukünftigen Frau Ruth. Vor der grossen Eröffnung renovieren sie das gesamte Gebäude innen und aussen. Jetzt erhält das Haus seinen legendären gelben Anstrich und auch das Logo wird neu gestaltet. Mit einem riesigen Fest feiern Schubigers die Wiedereröffnung. Ein grosser Diddl und ein mächtiger Plüsch-Tatzelwurm reisen mit dem Zug an und die junge Bevölkerung trägt diese begeistert durch ganz Glarus zum Schubiger, wo dann auch die ältere Kundschaft mit Wettbewerben und Geburtstags-Aktionen auf die Rechnung kommt.

Das kleinste Warenhaus Europas passt sich laufend den Anforderungen des Marktes an. So finden Modeschauen statt, und die neuesten Trends werden jeweils schnellstmöglich ins Sortiment aufgenommen. Dank der Flexibilität, die ein Unternehmen dieser Grösse aufweist, behauptet sich Schubiger bestens im Markt. Mit seinem «Fr. 12 500.– Weihnachts-Gewinnspiel», wo Reisen und Geschenk-Gutscheine zu verlosen sind, kann man bei der Kundschaft Punkte sammeln. Zudem achtet das junge Inhaberpaar darauf, dass sie jedem Angriff von Grossverteilern immer einen Schritt voraus sind.

In der Zwischenzeit hat sich Interdiscount aus den Räumlichkeiten von Schubiger verabschiedet. An seine Stelle ist eine Filiale von Schuh-Egger aus Niederurnen gekommen. Eine optimale Bereicherung für das immer breiter werdende Sortiment, und «Das-Glarner-Bettenstudio by Schubiger – alles zum Schlafen», wird eröffnet.

Als das Einkaufscenter Wiggispark in Netstal 1995 seine Eröffnung ankündet, feiert Schubiger, das Warenhaus in Glarus, sein 101-Jahre-Schubiläum mit einem grossen Fest. So werden unter dem Motto «101 x 101.–» satte 10 201 Franken für gute Zwecke gespendet. Zudem erhält jeder Regierungsrat 1500 Franken, um diese an eine wohltätige Organisation weiterzuleiten. Und den Jüngeren ist wohl auch der SEGA-Videospiel-Shop in Erinnerung, wo man an drei Demo-Konsolen sein Glück ausprobieren konnte.

Ein Erfolg, sodass man sich nach zehn Jahren, mit 111-Jahre-Schubiläum, nochmals eine Wiederholung erlaubt.

2001 schliessen Ruth und Roland Schubiger das Bistro, eröffnen an dieser Stelle einen Multimedia-Shop und machen einen Durchbruch in die Haushaltabteilung. So kann sich die Kundschaft in den oberen Räumlichkeiten noch bequemer bewegen.

Neue Wege
Roland Schubiger schaut und denkt auch über die Kantonsgrenzen hinaus. Er sieht die unheilvolle Zukunft der Detaillisten im Kanton bereits voraus. Als 2002 in Sargans das Pizolcenter eröffnet wird, ist auch er vor Ort und eröffnet die erste Filiale unter dem Titel «WAVE Mode & Wäsche».

Das grosse Schubiläum feiern Schubigers zusammen mit ihrem langjährigen Mitarbeiter Joseph Schwitter.

Der angekündigte Neubau eines grossen Migros-Marktes in Glarus bringt es mit sich, dass Schubigers 2003 erneut umbauen, ein neues Logo kreieren und ihren Werbe-Auftritt intensivieren.
Die Belastung ist gross und fordert das Inhaberpaar, das in der Zwischenzeit stolze Eltern von zwei Töchtern geworden ist, stark.
Um noch besser einkaufen zu können, eröffnen sie im März 2006 eine weitere Wave-Filiale. Diesmal in Wattwil. Vier Jahre später, im März 2010, kommt Weinfelden dazu. «Das hat eine Route ergeben, die in einem Tag machbar war», sagt Roland Schubiger rückblickend.
Im gleichen Jahr, in der Nacht auf den 9. Oktober, erleidet er einen schweren Hirninfarkt. Nichts ist mehr wie zuvor. Ein langer, beschwerlicher Weg beginnt für den Geschäftsmann und seine Familie. Während er sich ganz langsam in den Berufs- und Politalltag zurückkämpft, führt seine Frau das Unternehmen und eröffnet 2012 zwei weitere Filiale in Frauenfeld und Rorschach.
Aber die Zukunft sieht alles andere als rosig aus. Am 15. Mai 2013 stirbt Ruth Schubiger unverhofft. Der Schock ist riesig. Auch beim Personal, das inzwischen auf 70 Angestellte gewachsen ist. Was jetzt?
Ein Jahr später verkauft Roland sämtliche Filialen von Wave und sucht nach einer Lösung für das Warenhaus Schubiger in Glarus. Kein Detaillist, kein Grossverteiler, kein Warenhaus zeigt Interesse am einst kleinsten Warenhaus Europas.
Am 31. Dezember 2015 schliesst Roland Schubiger sein Geschäft, nachdem er das Gebäude an AXA verkaufen konnte. Lange ist offen, was in den ehemaligen Verkaufsräumen angeboten wird.
Heute hat sich ein kleines Gesundheitszentrum darin eingerichtet.
«Wenn ich nun zum Zahnarzt gehe, nehme ich in der Haushaltabteilung Platz», sagt Roland Schubiger. Sein Humor ist trotz allen Tiefschlägen zurückgekehrt.

Zum Goldenen Stiefel

DIE LIEBE ZU DEN SCHUHEN

In der fünften Generation wird der Goldene Stiefel in Glarus heute geführt. Was einst ein lukratives Geschäft war, ist heute Schwerstarbeit, denn von den Glarner Kunden allein konnte schon die vierte Generation nicht mehr leben.

Die lange Geschichte des Schuhgeschäfts beginnt bereits 1857 in der Allmeind in Glarus. Jost Stüssi übernimmt die Schuhmacherei von seinem Vetter namens Blesi. Vier Jahre später wird Stüssis Haus durch den Brand von Glarus zerstört. Werkzeuge, Leder und Schuhe – alles wird zu Asche.

Ein Jahr später eröffnet er an der Hauptstrasse sein Geschäft wieder. Auch dort näht und nagelt er die Schuhe für die Kundschaft nach Mass. Arbeits- und Sonntagsschuhe, Knöpflistiefel und wärmende Finken – alles, was zu dieser Zeit in Mode ist.
1895 übernimmt Sohn David Stüssi zusammen mit seiner Frau Setti Stüssi-Scherler das Geschäft. Da David nicht Schuhmacher ist, stellt er mehrere Schuhmacher ein.
Als Vater von drei Töchtern ist David Stüssi vorausschauend und stellt fest, dass das Geschäft einen neutralen Namen haben soll, denn der Name Stüssi wird im Schuhgeschäft nicht weiterbestehen. Der Goldene Stiefel ist geboren.
So übernimmt Tochter Setti mit ihrem Mann, Jacques Jenny 1934 den Goldenen Stiefel. Gemeinsam bauen sie den Laden nach zwei Jahren bereits um.
Zwei für damalige Zeiten stattliche Schaufenster entstehen. Zwar ist Settis Mann Mechaniker und arbeitet bei der Stadtpolizei in Zürich. Für das Familienunternehmen bildet er sich aber berufsbegleitend weiter. So bietet der Goldene Stiefel in einem Inserat in der «Glarner Neuen Zeitung» vom 4. Mai 1934 neben Schuhen, dem Podoscop-Durchleuchtungsapparat, dem Podographen auch einen Pedicuresalon an, der vom Chef höchstpersönlich geführt wird. Sorgfältig entfernt er Hühneraugen und weiss Rat bei Problemfüssen.
1963 wird das Geschäft nochmals umgebaut. Eine grosse Schaufensterfront entsteht und die Verkaufsfläche wird verdoppelt.

Schuhe für die Liebe
1969 übernimmt Jacques Jenny Junior mit seiner Frau Irma das Schuhgeschäft. Irma ist in Wil SG aufgewachsen. Als junge Lehrerin kommt sie 1965 nach Weesen, wo sie Hauswirtschaft und Handarbeit unterrichtet.
Da sie den Mädchen auch Turnunterricht erteilt, benötigt sie eines Tages neue Turnschuhe. Gemeinsam mit einer Kollegin fährt sie nach Glarus zum Einkaufen. Die jungen Frauen stehen vor dem Schaufenster des Goldenen Stiefel und schauen sich die Auslagen an. Da tritt der Juniorchef aus dem Laden und begrüsst die beiden jungen Damen freundlich. Bei Irma läuten die Glocken. Sie weiss: «Der und kein anderer.»

Glücklich fährt sie nach Weesen zurück. Das Glücksgefühlt gilt aber nicht alleine den neuen Turnschuhen. Kurze Zeit später ist ihr Ziel wieder der Schuhladen in Glarus. Sie kauft ein weiteres Paar Schuhe. Jacques Jenny hat nicht nur Augen für die Schuhe. Er merkt, was der eigentliche Grund des Besuches ist. Fortan ziehen die beiden in der Freizeit los. Zu Fuss oder mit den Ski erkunden sie die Glarner Bergwelt vom Hirzli bis zum Tödi.
Drei Jahre später heiratet das junge Paar.
Irma hängt ihren Lehrerberuf an den Nagel und arbeitet nun im Schuhgeschäft mit. Das wachsame Auge der Schwiegermutter macht die Zusammenarbeit nicht immer einfach. Mit etwas Entgegenkommen lösen sich die Probleme aber.

Die Verantwortung wächst

In den ersten Jahren ist Irmas Mann federführend im Geschäft. Ihr grosses Engagement und das Flair im Umgang mit den Kunden über-

Die Rechnung von 1919 wird in schönster Schrift ausgestellt.

Die 2. Generation mit David und Setti Stüssi-Scherler.

zeugen ihn und er überlässt ihr den Einkauf von Kinderschuhen. Gummistiefel, Sandalen, Halbschuhe, Finken und Winterstiefel suchen sie miteinander aus und werden dann von Irma bestellt.

Da Jacques viel Militärdienst leistet und zudem Kirchenratspräsident von Glarus ist, übergibt er seiner Frau im Laufe der Zeit die Verantwortung für die gesamte Damenabteilung. «Die Herren und Sportschuhe kannst du behalten», erklärt sie ihm aber. So ist ihr Aufgabenbereich sauber getrennt, was aber nicht heisst, dass nicht während des ganzen Jahres eng zusammengearbeitet wird. Denn nicht nur das Einkaufen ist wichtig, der Verkauf und die Kundenpflege sind mindestens so wichtig. Das bedeutet für die Beziehung eine Belastung. «Wenn wir uns jeweils uneinig waren, dann mehrheitlich in Personalangelegenheiten», erinnert sich Irma Jenny heute.

Feierabend kennen die beiden nicht. Auch in der Zeit, als die drei Kinder noch klein sind. Liegen die Kleinen abends im Bett, steigen Jacques und Irma nochmals die Treppen hinunter und arbeiten im Büro ungestört weiter.

Der fahrende Schumacher

Da zu dieser Zeit nicht alle Kunden motorisiert sind und nach Glarus kommen können, fährt der hauseigene Schuhmacher Hans Hengartner in abgelegene Dörfer und Höfe. Sein VW-Käfer hat lediglich noch den Fahrersitz, der Rest bietet Platz für viele Schuhschachteln und den Bestellblock. Bei den Kunden ist der fahrende Schuhmacher sehr beliebt. Die Bestellungen lassen sich sehen.

Wieder zu Hause in Glarus stellt Bettina Jenny, die Tante von Jacques, alles zusammen, packt die passenden Schuhcremen und Schuhspanner ein und schickt die Schachteln an die Kundschaft.

Hans Hengartners Tochter Hedi beginnt ihre Verkäuferinnenlehre 1963 im Goldenen Stiefel und bleibt dem Laden ein Leben lang treu. «Ohne ihren enormen Einsatz hätten wir nie mit gutem Gewissen verreisen können», sagt Irma Jenny dankbar. Die Verkäuferin kennt die Kunden mehrheitlich mit Namen und weiss, welche Wünsche und Vorlieben sie bei ihren Schuhen haben.

Stundenlanges Arbeiten im Lager

Was heute Lagerbuchhaltungen und Magaziner verrichten, war zu jener Zeit die Aufgabe der Verkäuferinnen und ihrer Chefin.

Die in grosse, schwere Kartonkisten verpackten Schuhlieferungen gelangen mit dem Zug nach Glarus. Fuhrhalter Schnyder bringt die Kisten mit seinem Pferdefuhrwerk an die Hauptstrasse. Hier gelangen sie durch eine Öffnung in den Keller, wo sie ausgepackt und sortiert werden.

Unzählige Stunden verbringt Irma mit den Verkäuferinnen im sogenannten Auspackraum im Unterschoss, sie beschriften Schachteln und Schuhe mit den Preisen und Artikelnummern. Sämtliche Lagerarbeiten führen sie selber aus. Männliche Magaziner gibt es zu dieser Zeit im Goldenen Stiefel nicht.

Im Laden werden die verschiedenen Modelle dann saisonal ausgestellt. Grosse Bedeutung hat auch die Ausstellung in den Schaufenstern.

Da die Kundschaft noch bedient wird – von Selbstbedienung spricht noch niemand – haben die Verkäuferinnen alle Hände voll zu tun. Sie verschwinden ins Lager und erscheinen mit einem Arm voller Schuhe. Denn die Vorgabe des Chefs lautet: fünf Modelle, davon vier für den rechten

Fuss und eines für den linken, müssen der Kundin präsentiert werden. So kann sie nur Neues an ihren Füssen bewundern.

Hat die Kundschaft ein Paar ausgewählt, bringt die Verkäuferin die Schuhe zur Kasse. Pflegemittel und Schuhspanner werden angepriesen. Sorgfältig werden die Schuhe einzeln in Seidenpapier gewickelt, in die passende Schachtel gelegt und mit Packpapier, welches das Firmenlogo trägt, eingeschlagen. Schlussendlich erhält die Schachtel eine mit einem Hänkel versehene Schnur.

Stolz marschieren die Buben mit ihren bunten Luftballons aus dem Goldenen Stiefel.

Dieser Service erfordert an stark frequentierten Samstagen eine Extra-Verkäuferin, die an der Ladentheke ausschliesslich für das Einpacken zuständig ist.

Die Selbstbedienung hält Einzug

Die Flexibilität der Kundschaft bringt es mit sich, dass sich auch der Goldene Stiefel nach neuen Verkaufsmustern umsehen muss. 1980 wird der Laden an der Hauptstrasse den neuen Bedürfnissen angepasst.

Mit dem Geschäft Pronto eröffnen Jennys 1973 dann die erste Filiale in Glarus. Sie ist das erste Günstig-Geschäft mit Selbstbedienung im Kanton. Ein Jahr später eröffnen sie im Einkaufscenter Schänis (ECS) eine Schuhabteilung und 1985 entsteht die erste grosse Filiale Botty im Glärnisch-Center in Glarus.

Um eine klare Sortimentstrennung zu erhalten, wird der Goldene Stiefel 1990 total umgebaut. Aber die Vergrösserung des Unternehmens geht weiter. 1999 eröffnen Jennys in Buchs (SG) das erste grosse Schuhgeschäft ausserhalb des Kantons.

Ursi und Chasper Campell-Jenny – die 5. Generation engagiert sich gern für die Schuhgeschichte.

Irma Jenny-Ammann war während vielen Jahren die erste Ansprechperson, wenn es um Kinder- und Damenschuhe ging.

Gesundheitliche Probleme erschweren dem engagierten Jacques zunehmend das Führen des Unternehmens. Bei einem gemeinsamen Winterspaziergang ins Uschenriet erklärt ihm sein Schwiegersohn Chasper Campell, dass er gemeinsam mit seiner Frau Ursi gerne das Geschäft übernehmen würde. Ursi, die mittlere der drei Töchter, die als kleines Mädchen immer betonte: «Diesen Saftladen übernehme ich mit Sicherheit nie», sieht ihre Zukunft nun doch im Goldenen Stiefel.
2001 ist es so weit, die fünfte Generation steigt ins Geschäft ein.

Die Zukunft hat begonnen

In der Zwischenzeit hat sich das Unternehmen immer mehr vergrössert. Zwei Bottygeschäfte in Chur, zwei in St.Gallen und je eines in Herisau, Buchs, Zürich im Tivoli und im neuen Center in Ebikon.

Den reisenden Schuhmacher braucht es nicht mehr, denn die Kunden sind extrem mobil. Einfacher ist das Verkaufs-Business aber nicht geworden, denn auch im Schuhhandel boomt der Online-Handel, was den einheimischen Unternehmern das Leben immer schwieriger macht.

Dank Innovation und Unternehmergeist gelingt es Ursi und Chasper Campell-Jenny, das Geschäft erfolgreich zu führen.

Für die Zukunft ist nun ein lokaler Wechsel vorgesehen. Anfang 2019 wird der «Goldene Stiefel» abmontiert und gezügelt. Im Gebäude an der Ecke Bankstrasse/Hauptstrasse (ehemals Tuch AG/Schild) im ersten Stock, soll er einen neuen, würdigen Platz bekommen. In der «Goldenen Stiefel Lounge» werden die vielen Stammkunden ihr Goldener-Stiefel-Sortiment finden, durch die grossen Fenster einen Blick auf Glarus werfen und sich beraten und verwöhnen lassen können.

Im Erdgeschoss wird das breite Sortiment von Botty zu finden sein. Im Familienunternehmen verschwindet zwar nun die Marke «Goldener Stiefel», erhalten bleiben aber die Schuhe und das fachkundige Personal samt der Familie Campell-Jenny.

EPILOG

«Leben für den Laden» – Geschichten aus dem Glarnerland, die sich über Generationen von Ladenbesitzern abspielten, haben wir versucht, in diesem Buch wiederzugeben. Mit der Betonung auf das Wort «Versuch».

Allein die Lebensgeschichte einer einzigen Generation würde bereits ein Buch umfassen, geschweige denn jene von mehreren Generationen.

23 Geschichten sind in diesem Buch festgehalten. 23 Personen und Paare haben sich zurück erinnert, in ihren Lebensgeschichten und Erfahrungen gestöbert, Bildmaterial herausgesucht und in verschiedenen Gesprächen davon erzählt und uns zur Verfügung gestellt.

Das Ergebnis halten Sie nun in Ihren Händen. Die einzelnen Kapitel beruhen auf den Erinnerungen und Erfahrungen der Personen, die sie erzählt haben. Sie zeigen auf, mit wie viel Herzblut ein eigenes Geschäft aufgebaut, weitergeführt – und mit wie viel Schmerz oder auch Erleichterung der eine oder andere seine Ladentüren ein letztes Mal geschlossen hat.

Das Vertrauen, das uns die erzählenden Personen entgegengebracht haben, hat immer wieder tief bewegt und motiviert. Wir danken den Portraitierten für die Zeit und die Offenheit, mit der sie uns ihre Laden- und Lebensgeschichten erzählten.

Alle Branchen und alle Geschäfte zu berücksichtigen, hätte den Rahmen dieses Buches gesprengt.

Die Idee zu diesem Buch hatte Eva Zopfi vor rund zwei Jahren und hat daraus das Konzept entwickelt. Dabei sollte aufgezeigt werden, was es einst alles gab, welch Einkaufsparadies das Glarnerland einmal war. Gerade im Zeitalter des Internethandels und der grossen Ladenketten ist ein Rückblick auf die Läden um die Ecke, die mit Herzblut geführt wurden, wichtig.

Gabi Heussi	Eva Zopfi-Höfer
Autorin	Idee und Konzept